JN269381

アメリカの 小学校に学ぶ 英語の書き方

著：リーパーすみ子

コスモピア

はじめに

　先日、イギリスを訪れたときのことです。ヒースロー空港の職員からデパートの店員、ホテルの従業員など、いたるところにアラブ系の人たちがあふれていたことに、とても驚いたことがありました。自分はイギリスではない、どこか違う国に来ているのかと錯覚を起こしてしまうほど、私の耳には聞き慣れないアクセントの英語がたくさん聞こえてきました。しかも、どの人もスマートフォンを手にしてテキストを打ち込む操作を行っているのを見て、よくも悪くも、世界のグローバル化をはっきりと目の当たりにしたという思いです。

　インターネットが世界的に普及し、Eメールで海の向こうの相手とコミュニケーションをとることが当たり前になっている今日のグローバル化社会において、英語で「書く」ことは、読むことと同じように必須のスキルになってきています。

ビジネスの場面でも、それは言うまでもありません。中国語を使う人の数も近年急激に伸びてきている昨今ですが、今のところはまだ英語使用者の方が多いようです。では、ビジネスの世界で国際語である英語のライティングをどのようにマスターしていけばよいのでしょうか。

　アメリカの小学生は、低学年のころから自分が言いたいことを明確に伝えるための練習に取り組んでいます。幼稚園では、まだイラストに頼りながらのよちよち歩きだったライターも、5年生にもなると、しっかりとした説得力のある（persuasive）文章を書くようになります。中学校では、リサーチペーパー（次ページ参照）という課題の提出を求められる機会がたくさん出てきますので、小学校はそのための大切な準備段階とも言えます。アメリカの小学生のその過程を、日本の社会人の方々にも見ていただきたいと思い、2010年〜2011年にかけて、幼稚園

Lesson ▶ Research Paper（リサーチ・ペーパー）

自分で何かひとつテーマを決めて問題提起し、読み手を納得させるために調べを進めて文章を書く、論文のようなものです。例えば、テーマを「温泉は体によい」とした場合、温泉の泉源や具体的な効能を調べてテーマを補強し、読み手を説得できるように文を展開します。

から小学5年生までのライティングの授業を参観してきました。本書はその授業参観のレポートと理論から、何も書けない段階からスタートした小学生が徐々にたどっていく「書く」ためのステップを、日本の社会人の方たちにも、ご自分の英語のライティング力アップのために取り入れていただきたいという思いから生まれた本です。

　第1章では、アメリカの小学校の仕組みや小学校教育を取り巻く背景を知っていただきます。第2〜3章ではアメリカの小

学生が実際にどのようなアプローチで、どのようなステップを経て書くことを学んでいくのか、また教室のレッスンの土台となっている理論と実践方法について、幼稚園から5年生までのライティングの授業見学のレポートを通じてご紹介します。そして第4章では、アメリカの小学生が学んでいる書く技術を問題形式で復習し、ご自分で書くときの感覚をつかんでいただきます。

　なお、本書は一般社会人の方を対象にしているため、最低限の英語の文法知識は身につけているものとしており、細かい文法よりも、英語で何が言いたいかを的確に伝えるための、書き方の手法に重きを置いて構成しています。仕事や学校で英語を書く機会のある方、必要に迫られている方などはもちろん、お子さんのこれからの英語ライティングの一助となれば幸いです。

2011年9月吉日
リーパーすみ子

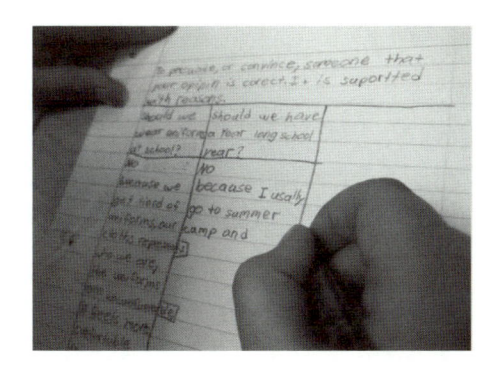

CONTENTS

はじめに ……………………………………………………………………… 2

序章

小学校6年間の「書き方」の記録：幼稚園から5年生まで ……… 9

第1章

アメリカの小学校の仕組みと教育事情 …… 23

第2章

ライティングの授業で使われるさまざまなメソッド …… 35

1. 伝統的なライティング・メソッド Six Traits ……………… 36
2. 書くことをより具体化する Four Square Writing Method ……… 47
3. 4、5年生で使用する Inverted Triangle ……………………… 60

第3章

小学校のライティング授業の参観記録 ——— 61

幼稚園のライティングの授業で求められる水準　62
- ■ テーマ：「書く」ということに慣れる、楽しむ
- 【参観報告】サンダバル先生の幼稚園クラス ——— 61

1年生のライティングの授業で求められる水準　71
- ■ テーマ：4スクエアの実践例
- 【参観報告】エイダー先生の1年生クラス ——— 72

2年生のライティングの授業で求められる水準　80
- ■ テーマ：単語のスペリングに気をつける
- 【参観報告】ブラブソン先生の2年生クラス ——— 82

3年生のライティングの授業で求められる水準　93
- ■ テーマ：ウェッブを活用して文章を書く
- 【参観報告】マー先生の3年生クラス ——— 94

4年生のライティングの授業で求められる水準　101
- ■ テーマ：インバーテッド・トライアングルで内容を深める
- 4年生の作品を見ながら ———103

5年生のライティングの授業で求められる水準　117
- ■ テーマ：書く前に綿密に計画を立てる
- 【参観報告】モラス先生の5年生クラス ———119

第4章

復習と実践：
書くステップのおさらい ——— 125

フォー・スクエア・ライティング・メソッド（四角形）の復習 ——— 126
Let's try! ① 4スクエアの練習① ——— 127
Let's try! ② 4スクエアの練習② ——— 128
Let's try! ③ 4スクエアの練習③ ——— 130
Let's try! ④ 接続詞を使って文をつなげる ——— 132
Let's try! ⑤ 穴埋め問題 ——— 136

インバーテッド・トライアングル（三角形）の復習 ——— 138
Let's try! ⑥ できた文章をエディティング（チェック）する① ——— 142
Let's try! ⑦ できた文章をエディティング（チェック）する② ——— 147
Let's try! ⑧ インバーテッド・トライアングル（逆三角形） ——— 149
Let's try! ⑨ 5Wと1Hを意識して、より具体的に書く ——— 150
Let's try! ⑩ 形容詞を使って文に個性を出す ——— 151
Let's try! ⑪ できた文章をエディティング（チェック）する③ ——— 152

解答と解説 ——— 154

序章

小学校6年間の「書き方」の記録：
幼稚園から5年生まで

ひとりの少年が6年間の小学校教育を受ける中で、どのようにして「書く」力を身につけていくのでしょうか。実際の作品を見ながら、絵が文へ、文が文章へと少しずつ成長を遂げていく変化を見ていきましょう。

小学校6年間の「書き方」の記録：
幼稚園から5年生まで

　アメリカの小学生は、実際どのように書き方のメカニズムを理解し、身につけていくのでしょうか。日本の小学校にあたる幼稚園～小学5年の6年間を過ごした少年・アイゼア君の作品を時系列にたどり、その成長の過程を見ていきたいと思います。

左：幼稚園のころの作品。絵と、聞こえた発音の通りにつづりを書いた「インベンティブ・スペリング」で自分の言いたいことを精いっぱい表現しています。

上：幼稚園の教室では、絵を中心とした絵辞典で単語をおぼえます。

左：ワード・ウォール（壁に貼られた単語リスト）は、さらに単語の学習を強調します。

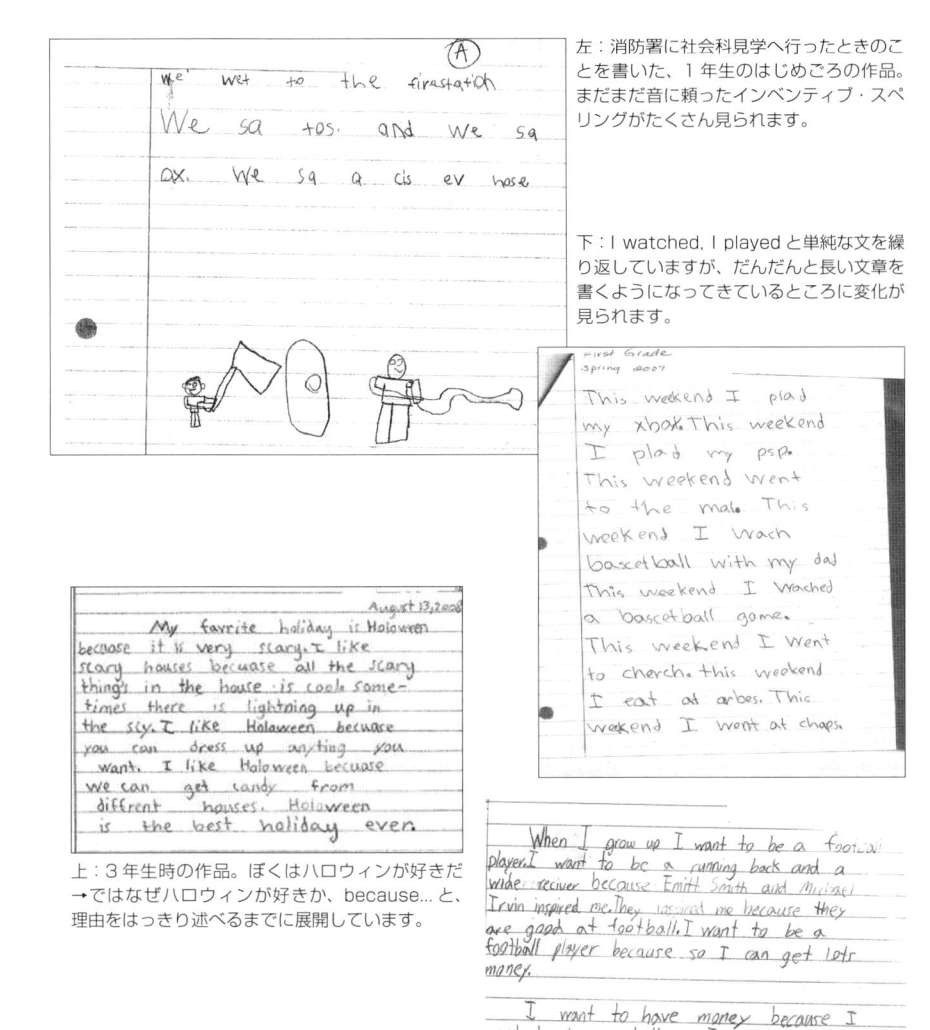

小学校6年間の「書き方」の記録：幼稚園から5年生まで　**序章**

左：消防署に社会科見学へ行ったときのことを書いた、1年生のはじめごろの作品。まだまだ音に頼ったインベンティブ・スペリングがたくさん見られます。

下：I watched, I playedと単純な文を繰り返していますが、だんだんと長い文章を書くようになってきているところに変化が見られます。

上：3年生時の作品。ぼくはハロウィンが好きだ→ではなぜハロウィンが好きか、because...と、理由をはっきり述べるまでに展開しています。

右：4年生時の作品。「大人になったらフットボールの選手になりたい」という文章です。まとまったパラグラフが3つあり、かなりまとまった文章になってきました。andやbecauseで文をうまくつなげており、一文ごとの長さも長くなっています。

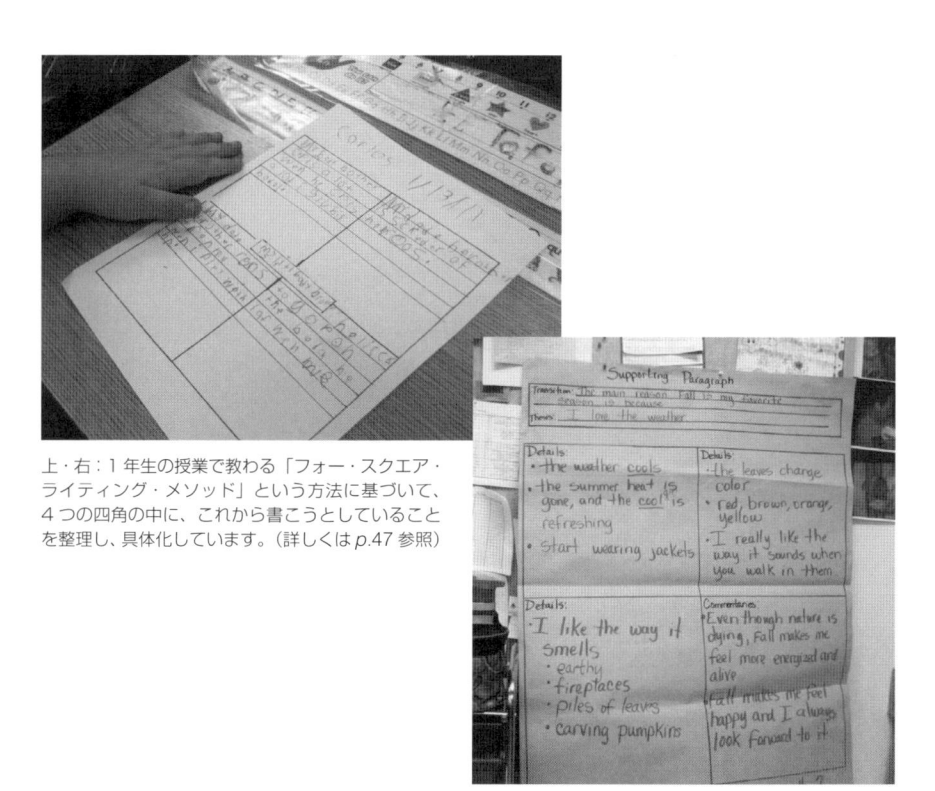

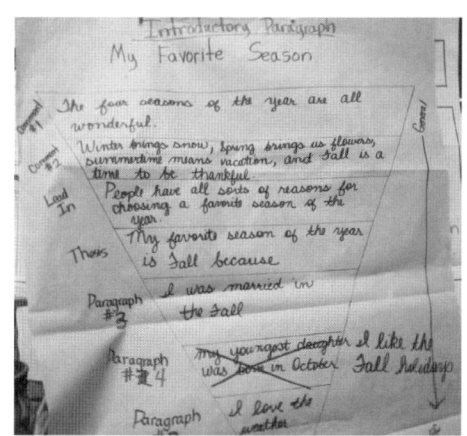

上・右：1年生の授業で教わる「フォー・スクエア・ライティング・メソッド」という方法に基づいて、4つの四角の中に、これから書こうとしていることを整理し、具体化しています。（詳しくはp.47参照）

逆三角形の図を使って書くことを整理。まず言いたいことを一番上の欄に書き、逆三角形の下に行けば行くほど具体的になるように、上から下へ、順番に書き込んでいきます。こうして少しずつ、確実に言いたいことをしぼり、明確にしていきます。（詳しくはp.60参照）

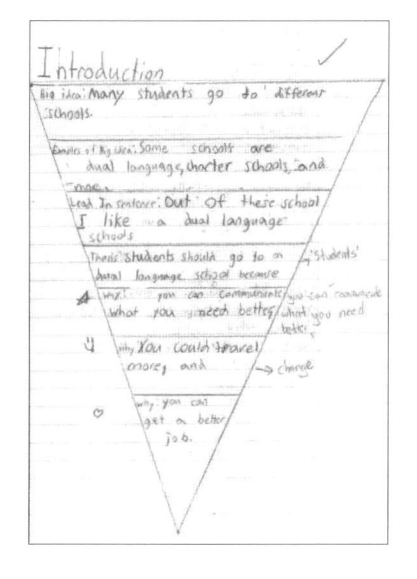

小学校6年間の「書き方」の記録：幼稚園から5年生まで　序章

左上：第一パラグラフを書くにあたって、まずは四角を使って言いたいことを整理します。

右上：スペリング、文の展開、文法などを自分でチェックした後は、まわりの友人も同様にチェック。なるべく複数の目で見て、修正があれば直していきます。

左：書くことを整理した後は、文章に書き直し、先生に見てもらいます。先生は、使われている単語のつづりや用法、表現の仕方、句読点などをひと通りチェックし、生徒に返却します。生徒は先生からのフィードバックを参考に、最終原稿へと仕上げていきます。

幼稚園　説明しきれないことは絵で補足

　幼稚園の時点では、まだ語彙力に不安があるので、単語を書くときには教室に貼ってあるワード・ウォールという単語表を参考にしながら書いたり、正しいスペルでなくても、自分で音を出して発音し、聞こえた音の通りに文字を書く**インベンティブ・スペリング**という文字で書いたりしていました。

まだスペルミスが多く、文字だけでは不安があるので、大部分を絵で説明しています。

　幼稚園の生徒の中には、まだ単語と単語の間にスペースを空けずに続けて書いてしまう生徒がたくさんいるのですが、上の作品を見ると、アイゼア君は単語と単語の間にきちんとスペースを空けて書いています。また、文も左から右へ書くルールにのっとって正しく書けています。

　この文に、apase や plad など、見慣れない単語があるのは気がつきましたか？　じつは、アイゼア君は、口に出して聞こえた通りに書く、インベンティブ・スペリングで文を書いているのです。文章の内容は次のようになります。

I **wet** to **apase** and I **plad** with
Bgabakot at **apase**. I go **un**
Gaman mi gape.　　※赤字はアイゼア君のスペルミスです。

　wet は、went の（n）の音がきちんと発音されていないので、聞こえた音のまま書いているため、このように表記しています。

アイゼア君は、おそらく次のように言いたかったのです。

I went to papa's house and I played basketball at papa's house with grandma and my grandpa.

　細かいところは定かではありませんが、papa's house の前に my がなかったり、my grandpa の my がスペイン語で「私の」を意味する mi になっていたりと間違いはたくさんあります。単語と絵から察するに、「車に乗っておじいちゃんとおばあちゃんの家に車に乗って遊びに行き、バスケットボールをして遊んだ」というようなことが書かれていることが予想できるのではないでしょうか。家の前に車が停まっている絵などは、文字で説明しきれないため、このように絵で補足説明しています。この絵には、大きな家がストーリーの主体として描かれていますが、屋根から煙のようなものが出ていますから、暖炉があるのかもしれませんね。

　この作品で一番言いたい重要なことは、「おじいさん、おばあさんの家に行った」ということです。また、who（誰→僕）が、where（どこ→おじいさん、おばあさんの家）へ行き、what（何→バスケットボール）をしたのかという、いわゆる 5W1H がきちんと書かれているので、短いながらもある程度具体的に描写できていると言えます。

5W1Hを意識する大切さは幼稚園のうちから授業で教わります。

| 1年生の
はじめ | スペースの使い方、句読点の使い方が向上 |

アメリカの夏休みは6月から8月の半ばまで、およそ2カ月半もあります。そのため、長い夏休みを終えてふたたび学校に戻ってくるころには、生徒たちは休み前に習ったことをすっかり忘れてしまいがちです（出席日数は年間187日）。そこで、夏休みを終えたアイゼア君の1年生になったころの作品と、1年生の終わりのころの作品を見くらべてみて、どれくらい「書く」力が伸びたかを見てみたいと思います。

アイゼア君のクラスは消防署の見学に行ってきました。そこで、クラスで「見学の感想」を書くように課題が与えられました。この文では、who（誰→アイゼア君）が、where（どこ→消防署）へ行き、what（何→斧やホースなど）を見学したのか、という3つのWの要素がすべて描写されています。

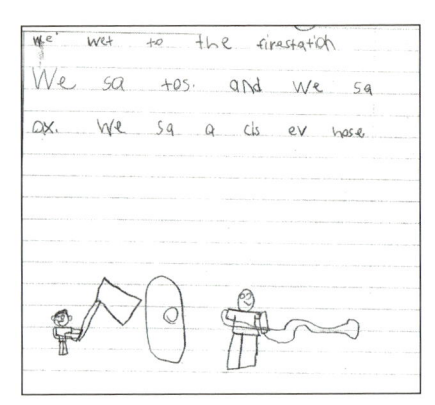

1年生のはじめのうちは、まだまだ文字量も少なく、絵に頼っています。

We wet to the firestation.
We sa tos. and we sa
ax. We sa a cis ev hose

※赤字はアイゼア君のスペルミスです。

1年生でも、まだインベンティブ・スペリングが見られます。アイゼア君によると、wetはwent、saはsaw、tosはtruck、cisはcity、evはeveryということでした。文法的には間違いがありますが、そのまま正しい単語に置き換えて書くと、次のようになります。

We went to the fire station.
We saw a track, and we saw
an ax. We saw a city's every hose.

（消防署に行きました。トラックを見て斧を見ました。市のあらゆる消防署のホースを見ました）

　この文は、great、exciting、amazing、beautiful などの形容詞を使って、「何に感心したか」という気持ちが具体的に書かれているともっとよかったですね。絵を見ても、消防署で斧とホースを見たことがわかります。

１年生の終わり　文章が長くなる

　１年生の終わりごろの作品を見ると、絵がなくなり、文章の長さも長くなっているのがわかります。

This weekend I plad
my xbox. This weekend
I plad my psp.
This weekend went
to the mal. This
weekend I wach
bascetball with my dad
This weekend I wached
a bascetball game.
This weekend I went
to cherch. this weekend
I eat at arbes. This
weekend I went at chaps.

内容的にはまだまだですが、長い文章が書けるようになってきました。

※赤字はアイゼア君のスペルミスです。

文章の構成を見ると、This weekend I というフレーズを繰り返し使って、「週末に何をしたのか」ということが網羅的に書かれています。ちなみに、mal は mall、wach は watch のスペルミスです。

　何をしたのか、何が面白かったのかといった詳しい心情の描写はなく、ただただ淡々と書かれています。文章を展開し、表現するのが苦手なこともあれば、書き手の性格によるところもあります。アイゼア君の場合はどちらでしょうか。しかし、文頭は大文字ではじめて、文末はピリオドで終えるなど、ライティングのルールを守って書けているところに成長が見られます。また、手書きの文字そのものも幼稚園のころと比べると、だいぶきれいに整った字が書けています。

　当時、アイゼア君の通っていた小学校ではまだきちんとした書き方のメソッドが採用されていませんでした。もしこのころからアイゼア君の授業でフォー・スクエア・ライティング・メソッド（*p.47*）という方法を使って文章を書く練習が行われていたら、and、then、so、at the end、finally といった文章をつなぐ接続詞を有効に使って、もう少し文章にメリハリが出ていたかもしれません。

3年生　because で明確に理由を述べられる

　残念ながら2年生の作品がないため、3年生の作品の解説に入ります。

　左の作品には、つづりのミスはいくつか見られますが、「ハロウィンが好き」という主張は、1文目ではっきりと書かれています。

文字がきれいになっただけでなく、なぜハロウィンが好きかという理由が明確に書かれています。

My favorite holiday is Haloween because it is very scary. I like scary houses becuase all the scary things in the house is cool. sometimes there is lightning up in the scy. I like Haloween becuase you can dress up anyting you want. I like Haloween becuase we can get candy from diffrent houses. Haloween is the best holiday ever. ※赤字はアイゼア君のスペルミスです。

　こうして見ると、アメリカの子どもたちはよほどハロウィンが好きなようです。その理由は、「とても怖いから、どんな格好にも変装できるから、仮装して Trick or treat.（お菓子をくれないといたずらをしちゃうよ）と言うとキャンディがもらえるから」など、子どもによってもさまざまです。

　アイゼア君の場合、ハロウィンが好き、キャンディがもらえる、怖い飾りをした家に行くのが好きだ、ということが書かれています。次のパラグラフでは、よその家に行って Trick or Treat! と言うとキャンディをもらえるということが書かれています。3 番目の結論では、アイゼア君の家族はよその家のパーティーに行ってハロウィンを祝う、家族はホット・ドッグの仮装をする、たくさんのキャンディを子どもたちにあげることなどが書かれています。

　この作品は、全体を通してハロウィンが好きだということは書かれているのですが、もう少し、自分の voice（意見）がはっきり出ないかなあという感じがします。この前にも書きましたが、自分なりの感情を表すためには、形容詞を効果的に使います。

　文字は、なかなかきれいに書かれていますね。大文字小文字の使い方、句読点もバッチリ。つづりは、costume に s が抜けて cotume になっていたり、candy は本来複数形の candies とすべきところが単数形になっていたりと細かいミスもありますが、むしろそのくらいで、ほとんど問題はありません。

> **4年生** 単語の使い方に個性が出てくる

　タイトルが抜けていますが、*When I Grow Up* という内容の文章です。タイトルは忘れずに書くようにしましょう。

　下線部①は「フットボールの選手になりたい」、下線部②は「エミット・スミスとマイケル・アービン（いずれもフットボールの選手）に inspire された」と書かれています。inspire は inspired の形で「刺激を受ける」といった意味です。アイゼア君にしては、ここは個性的な語彙の選択だと思います。選手になりたい理由は下線部③「億万長者になりたいから」と書かれています。

inspired のような個性的な言葉がもう少し増えてくるとよりよくなると思います。

　①<u>When I grow up I want to be a football player.</u> I want to be a running back and a wide reciver because ②<u>Emitt Smith and michael Irvin inspired me.</u> They inspired me because they are good at football. ③<u>I want to be a football player because so I can get lots money.</u>

　④<u>I want to have money because I want to be a billionar.</u> I want to be in the 49ers because I like them. I

小学校6年間の「書き方」の記録：幼稚園から5年生まで　序章

think they are good because they have
lots of good player like Tekea spikes.
I want to be a football player because
I want to be a professional at it.

⑤<u>I want to be a professional
because I want money. So I can buy
a house.</u>

そして、下線部④「49er's というプロチームで活躍したい」そうです。下線部⑤の最後の結論では、「大きな家を買いたい、勝ちたい」と書かれています。言いたいことはわかるのですが、3年生のときに書いたハロウィンの作文と同様、やはりもう少し個性がはっきりと出ていたらなあという気は否めません。一方で、大文字や小文字の使い方、句読点の正しい使い方など、書く際の基本的なルールはもう問題はないようです。

5年生　説得力のある文章へと成長

　アイゼア君も小学校の最終学年、5年生になりました。アイゼア君の通うDG校では、このころになって本格的にフォー・スクエア・ライティング・メソッド（p.47）とインバーテッド・トライアングル（p.60）というふたつのアプローチを使うようになっていったようです。右のサンプルは、バイリンガル教育（二カ国語教育）について賛成の立場で意見を書いた作品です。

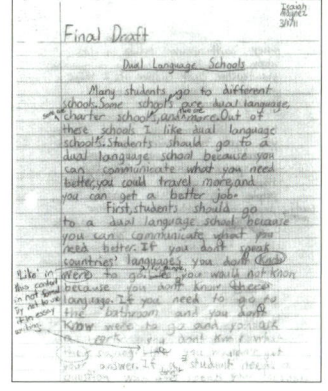

ただ書き連ねるのではなく、パラグラフごとに意味のある、論理的な構成ができるようになっています。

21

Dual Language Schools

Many students go to different schools. Some schools are dual language, charter schools, and more. Out of these shools I like dual language schools. Students should go to a dual language school because you can communicate what you need better, you could travel more, and you can get a better job.

　紹介の文にはじまり、具体的に説明する3つのパラグラフ、そして最後の結論まで書くために、下書きをして最終的に仕上げています。スペリングはきれいに清書されており、5年生らしい論理的な文章になっています。結論の文については、語彙の選択がもう少しというところですが、その他は文章のスタイル、展開の仕方などすべてにおいて水準に達している文章が書けています。

※各学年で求められる水準については、第3章（p.61）を参照してください。

第 1 章

アメリカの小学校の仕組みと教育事情

ひと口にアメリカと言っても、小学校教育の背景や仕組みは、暮らしている州や家庭環境、経済などの事情によって異なります。アメリカではどのような環境のもとに書き方を学んでいるのでしょうか。

アメリカの小学校の仕組み

　書き方の話に入る前に、この章ではまずアメリカの小学校の仕組みと、アメリカの教育を取り巻く課題の一端についてご説明します。アメリカの多くの州では、義務教育は幼稚園から始まります。小学校は日本のように1〜6年生までではなく、幼稚園から5年生までです。中には6年生までの学校もありますが、5年生までの州がほとんどです。

　私がかつて働いていたDolores Gonzales校（以下「DG校」）のあるニューメキシコ州も、日本で言う幼稚園＋小学1〜5年生の6年間が小学校にあたります。そして、6〜8年生までが中学校、9年生（freshman）、10年生（sophomore）、11年生（junior）、12年生（senior）が高校で、計12年間の義務教育となっています。

◆アメリカの義務教育

小学校	幼稚園	1年生	2年生	3年生	4年生	5年生
中学校	6年生	7年生	8年生			
高　校	9年生	10年生	11年生	12年生		

育った環境でまったく異なるアメリカの教育事情

　50州あるアメリカでも、全体的に成績優秀といわれる州はカナダとの国境沿いにある中北部のノースダコタ州、中部のアイオワ州などの農業が盛んな州です。これは、これらの州がいずれも異民族の少ない州であることが一因として関係しています。宗教と言えばキリスト教で、イスラム教徒

もヒンズー教徒もいません。ドラッグの問題も大都会に比べれば微々たるもので、ギャングもおらず、犯罪が少ないのです。一生懸命勉強して大学に行く、シンプルな生活様式が根づいています。

　つまり、人種の問題が少ない州、経済的に安定している州、失業者が少ない州では教育水準が高いということが言えます。経済、宗教といった頭の痛い問題がないだけに、教師は教育に注力できるのです。

　ですから、ノースダコタ州とメキシコとの境界線にあるテキサス州、それに加えてアジア系の移民が多い西部のカリフォルニア州の教育のアプローチがそれぞれ違うのは、ある意味で当然と言えます。

　家庭によって違いはありますが、一般的なアメリカの家庭に生まれた生徒は、子どものころに親から *Goodnight Moon*（Margaret Wise Brown作、邦題『おやすみなさいおつきさま』せたせいじ訳）を読み聞かせてもらい、マザーグース（絵本や文学作品に登場する童謡）の手遊びやマリつきなどでライミング（liarとfireのように、つづりが違うけれど一部同じ音を持つ言葉のリズムを楽しみながら覚えること）を学び、ジョークやなぞなぞなどの言葉遊びをしながらすくすくと育っていく、というのが一種の形としてあります。

Goodnight Moon

　そんな彼らと、家に帰ればスペイン語やアラビア語、中国語、韓国語などの他言語を話す生徒たちとでは、教え方が当然違ってくるのです。昨今のカリフォルニア州では、英語と中国語のバイリンガル教育が年々増えてきています。このように、州によってカリキュラムに違いが出てくるのは、移民が多いか少ないかといった、地理的、および人種的な州ごとの事情が関係しています。

また、ニューヨークなどの大都会では、上流階級ならハーバード大学、プリンストン大学、エール大学などの「アイビーリーグ」※（特定の名門私立大学8校の総称）と呼ばれる名門校に入れようとする教育熱心な親たちと、アフリカ系アメリカ人が数多く居住するハーレムで日々貧困と戦うだけで精いっぱいな親たちとでは、教育に対する熱も違ってきます。

※アイビーリーグと呼ばれる8つの大学には、古いレンガ造りの校舎にイングリッシュ・アイビーというツタが必ずと言っていいほど絡まっていたことからこのように呼ばれるようになりました。イギリスの大学を思わせる造りからも、アメリカがイギリスの植民地であったという歴史がうかがえます。

アイビーリーグのひとつ、マサチューセッツ州のハーバード大学。

　貧困と戦っている地区にある学校がドラッグや避妊に関する教育を行っている一方、高級住宅地の生徒たちは高校在学中に大学のコースを学んでいるという具合です。
　ハーバード大学やMIT（Massachusetts Institute of Technology）などの名門大学を擁するマサチューセッツ州では、MCAS（Massachusetts Comprehensive Assessment System：マサチューセッツ州総合評価システム）というこの州独自のテストが、州のカリキュラムに基づいて作成されています。生徒たちはこのテストに合格するまで何回もテストを受けるチャンスが与えられます。逆に言えば、テストに受かるまで何回も受験しなければならないということです。

これは、ジョージ・W・ブッシュ政権時代の No Child Left Behind（各学年で習うべきカリキュラムをマスターしていない生徒は進級できない、いわゆる「落ちこぼれ防止制度」）というルールを反映しています。英語を第2外国語とする生徒たちもこの試験に合格しないと上の学年には上がれません。この点は教育に力を注いでいる州だけのことはあります。黒人が65％とマイノリティの多いある学校では、授業時間を延長して教育活動を強化したところ、生徒の成績がぐんと上がったという報告もあります。

昨今のアメリカを象徴する国境沿いの州

　一方、カリフォルニア、テキサス、アリゾナ、ニューメキシコの4州は、メキシコと陸続きになっています。これらの州には、ラティーノと呼ばれるスペイン語を話すヒスパニック系の移民が毎日のようにアメリカに渡ってきます。知事や国会議員にもヒスパニック系がどんどん増えてきているのです。

　私の住むニューメキシコ州アルバカーキ市では、すでにヒスパニック系の人口が白人を上回っており、州知事も議員たちもヒスパニック系で占められています。全米で見ても、同じマイノリティの中でも黒人よりヒスパニック系の人口が多いのです。マイノリティと言えばすぐ黒人を思い浮かべたころと比べると、ヒスパニック系の台頭ぶりとアメリカに押し寄せる人口の波には驚かせられます。

　余談ですが、以前メキシコから出産を間近に控えた多くの女性がテキサスの病院にやってくるという報道番組が放送されていました。法律で、アメリカで子どもを産むと、その子どもにはアメリカの市民権が与えられます。子どもがアメリカ市民なら親もそのうちにアメリカ市民になり、適切な医療も受けられる上に子どもにも教育を受けさせられます。さらに故郷

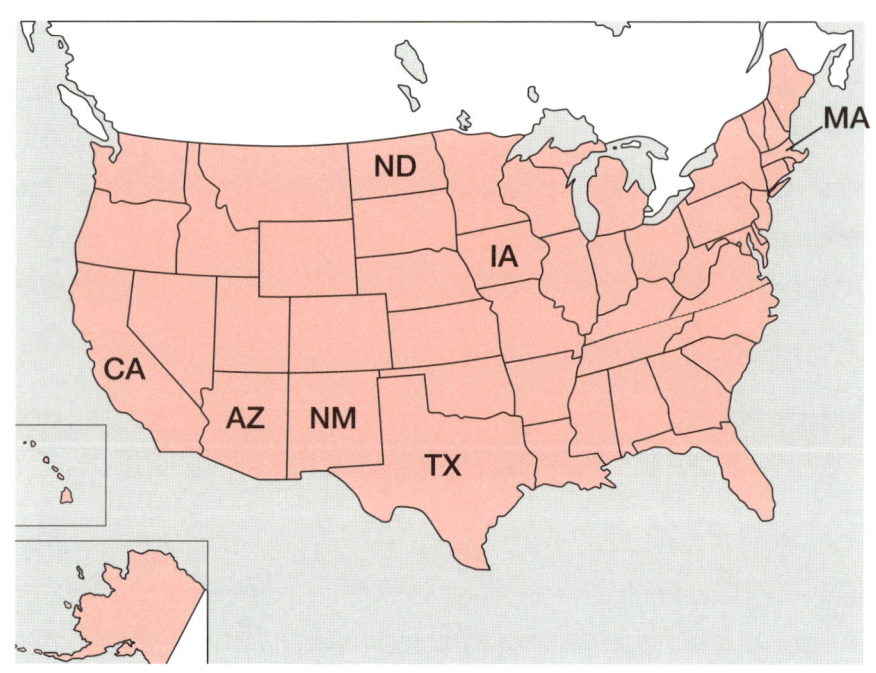

AZ: アリゾナ州、CA: カリフォルニア州、IA: アイオワ州、MA: マサチューセッツ州、ND: ノースダコタ州、NM: ニューメキシコ州、TX: テキサス州

にも仕送りができるというわけです。アメリカは人道主義を表に出していますから、このような状況下にあるヒスパニック系の人たちを No! と一概に拒むことはできません。一歩学校に足を踏み入れたら、そこは聖域です。「法を犯してアメリカに来ているのか」といった質問はできません。「生徒はみな平等である」というキリスト教的な人道主義からこのようになっています。

日本とアメリカの教育の違い

多民族社会のアメリカでは、それぞれの民族が持つ言語を大切にしようという運動があります。肌の色の違いがあれば、宗教の違いもあります。キリスト教とイスラム教の対立も出てきました。私がまだライブラリアン

（司書）として学校で働いていたころに、「クリスマスの本を生徒に読まないでほしい」、『きよしこの夜』や『ジングルベル』などのクリスマスソングを歌わせないでほしい、などという親の要求もありました。人種が異なれば、それだけいろいろと複雑なこともあります。この点は単一民族の日本とは事情が違うところです。

　私がかつて働いていたニューメキシコ州のアルバカーキ市は、高校の数が約15校、中学校が約27校、小学校が約89校という大所帯です。それに、チャータースクール（独自のカリキュラムを持ち、音楽や科学、コンピュータなどそれぞれの特色を強化した学校）も含めると、地域の生徒数はおよそ9万人、全部で132校にものぼります。

　アメリカでは州ごとに教育のカリキュラムは異なります。そのため、教える項目を示したガイドラインは、州ごとに各州の知事が司る教育課が作成しています。さらに、高校の傘下にある中学校や小学校が自分たちの環境に合ったカリキュラムを組み、テストではその 州独自の問題が出題されます。それとは別に、連邦政府が実施する NAEP (the National Assessment of Educational Progress)と呼ばれる全体的な動向をつかむための「全米統一学力テスト」もあります。これは、読解力、作文力、数学、科学、文系・理系の両方の知識を問うテストです。作文で自分の言いたいことをはっきりと伝えることが重視されているのがここでもわかります。日本でも、文部科学省が主催する学力テスト（全国学力・学習状況調査）と、都道府県市町村主催の学力試験のふたつがありますね。そのような状況と似ているのではないでしょうか。

　大きな違いは、単一民族の日本と違ってアメリカは多民族国家であることと、そのために生じる問題を教育に反映させていかなければならないということでしょう。英語（国語）教育にかなりのリサーチと時間、そして費用をかけています。

様々な役割を持つ小学校の先生たち

　アルバカーキ市のDG校は、チャプター1スクールと呼ばれる国立学校の1校でした。チャプター1スクールとは、親の収入が低く、生活が苦しいであろうという家庭が多い地域にある学校に対して、州の予算とは別に政府から特別予算を受けている学校です。学年の到達目標に達していない生徒は、援助金によってリーディングを専門に教える教師から、1日約1時間の特訓授業を受けます。しかも、チャプター1スクールの生徒たちは朝食と昼食が無料で与えられるという特典もあります。これは、「親の収入が低いために、きちんとした食事もとっていないかもしれない、空腹では習うべきことも頭に入らないでしょう」という政府の配慮からです。

　私の働いていた地域では、小学校は10校、中学校は2校の生徒たちがひとつの高校へ進学していきます。これらの学校はすべてチャプター1スクールです。チャプター1スクールという同じ環境下にある生徒たちが進級していくので、一貫したカリキュラムが組まれています。

　DG校には400名あまりの生徒が在籍していました。前出のリーディングを強化するための教師が5名、うち2名はスペイン語しかわからない生徒のために、スペイン語で英語を教えます。逆に、英語しか話せない生徒たちにスペイン語のみを教える教師も2名います。

　また、親に運転免許の取り方を指導したり、就職の相談相手を担う成人教育の教師が1名、生徒の相談役となるカウンセラーが1名、特に読むことをサポートするライブラリアン（司書）1名、声の出し方などスピーチを専門に教えるスピーチ・セラピスト※が2名、体育の教師2名、音楽と美術の教師1名がいます。さらに、アルバカーキ市の学校組織の本部からは、先生のカリキュラム作成をする際の相談役となる、いわば「先生の先生」

も各学校に1名送られてきます。彼らは、教師に効果的な「教え方」を指導（コーチ）するため、インストラクショナル・コーチと呼ばれています。

Lesson ▶ Speech Therapist（スピーチ・セラピスト）
スピーチ・セラピストとは、例えば「p」や「b」の音には「破裂の音」などと子音や母音にニックネームをつけて教える言語学専門の先生で、教員免許を持った言語の専門家です。スペイン語と英語では音の出し方が異なるため、こうした専門家が雇われています。

　こうした観点から見ると、DG 校には、他国からアメリカにやってきた子どもたちに読み書きを教える方法を調べるために、かなりの時間と費用が費やされていることがわかります。私がイギリスで目にした肌や宗教の異なる人々が増えているグローバル化の一端（p.2）は、アメリカでも見られるのです。ひょっとしたら、世界でヒスパニック系人口が白人を上回る日もそう遠くないのかもしれませんね。

　じつは私自身「書く」ことは元々それほど得意ではないのですが、授業を参観した中で、英語を第2言語としてアメリカで生活していくために、「こうしたらより明確に考えていることが表現できる」という英語の文章で伝える具体的なメソッドを実践している様子を実際に見ることができました。そしてこれは、きっと日本のみなさんが英語を書く際の参考として大いに役立つものだと確信しています。

アメリカの「読み書き」の授業の時間割

毎日行う、1日90分の「リテラシー・ブロック」

アメリカの小学校では、読み書き、文法などの教科をまとめてリテラシー literacy と呼びます。そして、これらのリテラシーの時間をまとめて教えることを、リテラシー・ブロックと呼んでいます。

いろいろな州におけるリテラシー・ブロックと、私が働いていた DG 校のリテラシー・ブロックを比較してまとめてみると、リテラシー・ブロックの時間割は以下のようになります。

毎日の読み、書き、文法（リテラシー・ブロック）の時間割例

8:30-8:45	モーニングメッセージ。今日の学科のスケジュール、体操、音楽、アート、図書の時間割りなどを確認し、カレンダーを見て、特別な行事やイベントなどをチェックします。
8:45-9:00	リード・アラウド、シェアード・リーディング。その時の行事、学習などに基づいて本を選択して先生が声を出して生徒に本を読むリード・アラウドか、先生だけでなく特定のフレーズを生徒にも読ませるシェアード・リーディングを行います。
9:00-10:00	少人数制のガイデッド・リーディング※。ガイデッド・リーディングは、ひとりずつに気を配りながらじっくりとリーディングを指導するため、必ず5〜6人の少人数の生徒たちを相手に行います。交代で行い、他の生徒たちは自分の番が来るまで他の学習をして待ちます。
10:00-10:30	ライティング。テーマに基づいて書く練習。DG校では Four Square Writing Method（詳しくは p.47 参照）を活用。

10:30-11:30	算数。読み、書き、理解力などのリテラシーの力を算数の時間にも活用します。というのも、誰がいくら持っていて何に使ったか、残りはいくらかなど、問題文の意図をきちんと理解するためにも、読む能力が必要だからです。
11:30-12:15	ランチ
12:15-13:15	算数
13:15-14:30	理科／社会
14:30-14:40	宿題について、あるいは親への連絡事項など

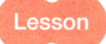

Lesson ▶ Guided Reading（ガイデッド・リーディング）

ガイデッド・リーディングは、5〜6人くらいの少人数の生徒を相手に先生ひとりという構成で、一緒に話し合い、考えながら読んでいくリーディングのアプローチです。先生が5、6人の生徒を相手にしている間、他の生徒はつづりや作文など他の学習に取り組みます。

先生が生徒を監督しやすいように、生徒は先生を囲むような形で座ります。

各時間の合間に休み時間がないかわりに、20分でランチを食べ終えたら残りの20分は校庭で遊ばせ、12時15分から午後の授業が始まり、14時40分に学校は終わります。曜日によって、図書館に行く時間（45分）、体

操（週2回）、絵画か音楽（週1時間）、（栄養についての家庭科1時間）が入ってきます。

リテラシー・ブロックのカリキュラムには、「これは教えておきなさい」という州のガイドラインが決められています。

リテラシー・ブロックで覚えておくべきガイドライン

1. Oral Language：話し言葉
2. Concepts of Print：活字体、筆記体、タイトル、見出しなどを見分ける力
3. Phonological & Phonemic Awareness：フォノロジカル＆フォネミック・アウェアネス※の知識
4. Phonics & Spelling：フォニックスのルール、そしてスペリング
5. Fluency：すらすらと読む、そして話せる力をつける
6. Vocabulary：単語の知識
7. Comprehension：理解力
8. Writing：書いて表現する力

Lesson ▶ Phonological & Phonemic Awareness
（フォノジカル＆フォネミックアウェアネス）

話し言葉の音から音のグループ（fat、cat、mat など）や音の組み合わせ、成り立ちなどを学びます。音に注意を払うことは、リーディングの力を養うと言われています。

第2章

ライティングの授業で使われる さまざまなメソッド

1. 伝統的なライティング・メソッド Six Traits ——— 36
2. 書くことをより具体化する Four Square Writing Method — 47
3. 4・5年生で使用する Inverted Triangle ——— 60

6年間の小学校授業では、論理的でわかりやすい一人前の文章を書けるようになるために、さまざまな方法を用いて書く練習を行っていきます。日本ではなじみのないこれらのアプローチと考え方を見ていきましょう。

第2章では、幼稚園から5年生までの6年間で学ぶさまざまなアプローチについて、具体例とともにご紹介していきます（なお、プライバシー保護のため、文中に登場する生徒の名前は一部を除きすべて仮名で掲載しています）。その前に、知っておいていただきたいアメリカの小学校の授業で実際に使われているライティングのメソッドがいくつかあります。

1　伝統的なライティング・メソッド Six Traits（6トレイト）

　1980年代、オレゴン、モンタナ、ミズーリ州などの高校の教師たちが「質の高い文の書き方を教えるためにはどうしたらよいか」を徹底的に探るために、北西地区教育ラボ（NWREL）※との共同リサーチに取り組みました。特に子どもの書く力を採点する際に基準となるモノ差しとひな形としてSix traits（以降「6トレイト」）を考案し、多くの学校で採用されてきました。

　6トレイトとは、英文の書き方を教える教師の指導・採点にあたって押さえておくべきポイントを6つ選び、それらに6トレイト（6つの特色）という名称をつけたのがはじまりです。この6つのトレイトは、書き方を教える教師たちが長年参考にしてきた「書き方のバイブル」とも言うべきもので、下記の6点をさします。

1. 「ウェッブ」を使ってメイン・アイデアを決める
2. 文章の構成を考える
3. voice（意見・主張）を入れる
4. 語彙の選択
5. 文章の流れ
6. 文法などのルールを守る

この6トレイトに、「プレゼンテーション」の要素を加えて「6トレイト＋1」として採用した州も増えています。6つ、あるいは7つのポイントすべてをチェックしなくても、これだけは押さえておきましょう、と項目を絞って教えている先生もいます。この辺りは先生たちの裁量に任されています。

※ 北西地区教育ラボ（NWREL）：Northwest Regional Educational Laboratory（NWREL）は、読む、書くなどの国語（英語）教育の向上を目指してオレゴン州に設立された、学校、コミュニティを顧客とするリサーチの企業団体です。なお、この6トレイトのレポートは、私が働いていた学校で開かれた教師向けのワークショップの講義に基づいて構成しています。

6トレイト ❶ 「ウェッブ」を使ってメイン・アイデアを決める

では、順を追って6トレイトを説明していきます。まず、何について書くか、読み手に何を伝えたいのかを決めます。何をどのように書けば、自分が言いたいことを適切に伝えられるのか、なぜ自分はこのメイン・アイデアを選んだのか、選んだテーマがなぜ自分にとって大切なのかを考えてください。メイン・アイデアが自由ではなく、先生など他の人から与えられた場合は、自分の経験に照らし合わせて考えると、自分が知っている経験をもとに書くことができます。

また、メイン・アイデアを選ぶ際は「アメリカについて」という漠然としたものより、「夏休みにアメリカのアリゾナ州に行ったときに見た山は、なぜ赤いのか」などとより具体的になるように意識したほうが、あなた自身の経験や解釈の仕方、感情が存分に表現できます。

これから書くことをクモの巣のように図式化してわかりやすく整理したものを、ウェッブと言います。図の中心にメイン・アイデアを、周りには関連する事柄を書きます。これは、会社の会議などでいろいろなアイデアを出し合って協議をするブレーンストーミングと同じようなもので、「書く」とい

う一見抽象的な行為を具体化し、視覚的に整理することに役立ちます。アメリカの学校ではグループでも個人でも、頻繁にウェッブを使います。

　また、ウェッブは英語のリーディングやライティングだけでなく、理科や社会など他の科目でもよく使われます。私が学校で教職についたころから使っていますから、約25年以上の歴史を持つ確かなツールです。

　では、日本語で練習してみましょう。メイン・アイデアは、「夏休みの計画」とします。下記の項目をクモの巣のように並べて整理していきます。

※ウェッブは下記のウェブサイトからダウンロードできます。
http://freeology.com/graphicorgs/thematic-web/

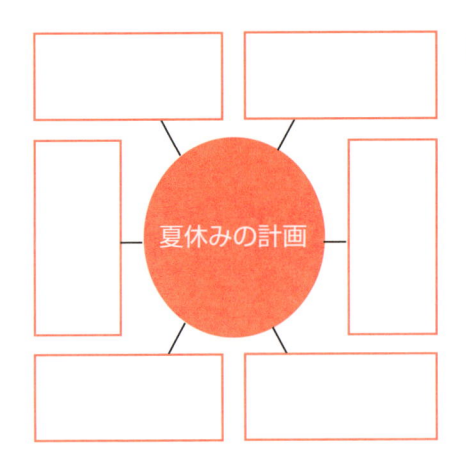

1 真ん中に、「夏休みの計画」と書きます。

2 まわりの欄に「夏休みにすること」の項目名を書きましょう。

ライティングの授業で使われるさまざまなメソッド 第2章

3 「夏休みにすること」を書いた近くに、さらに詳しい説明を書きましょう。

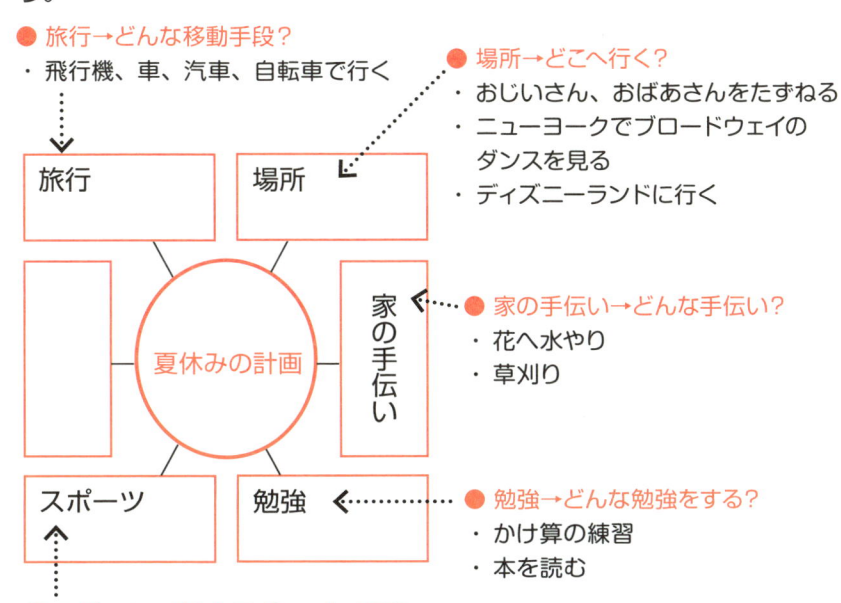

● 旅行→どんな移動手段？
・飛行機、車、汽車、自転車で行く

● 場所→どこへ行く？
・おじいさん、おばあさんをたずねる
・ニューヨークでブロードウェイのダンスを見る
・ディズニーランドに行く

[旅行] [場所]
[夏休みの計画]
[スポーツ] [勉強] [家の手伝い]

● 家の手伝い→どんな手伝い？
・花へ水やり
・草刈り

● 勉強→どんな勉強をする？
・かけ算の練習
・本を読む

● スポーツ→どんなスポーツをする？
・プールに行って泳ぐ
・サッカーをする

6トレイト ① 「ウェッブ」を使ってメイン・アイデアを決めるときのポイント

▶ **詳細に気をくばる**
「夏休みの計画」という大きなテーマより、具体的なテーマに絞りましょう。書きたいことがはっきりとして、自分の気持ちがより伝わりやすくなります。

▶ **焦点をきちんと定め、目的をはっきり決める**
いろいろな話題がある中で、特に何について中心に書くのかを決めましょう。

焦点をしぼった方が読み手に伝わりやすい文になる。

6トレイト ❷ 文章の構成を考える

　前出のウェブから、「夏休みに行く場所」をメイン・アイデアとします。場所はふたつの候補がありますが、おじいさんとおばあさんの家を訪れること、車で行くことなどを選択し、文章を書き始めます。書く際には、必ず5W（who, where, when, what, why）と1H（how）を頭に入れて書きます。

1 I'm going to visit my grandparents during this summer vacation.

（今年の夏休みに、私はおじいさん、おばあさんの家を訪ねます）

　この文には、Who（誰→自分）が、when（いつ→夏休み）に、where（どこ→祖父母の家）に、what（何をしに→祖父母に会うために）は書かれていますが、why（どうして）、how（どのように）という要素が欠けていますね。

書く前の段階で人や時間、場所などを意識しておこう。

　そこで、how（どのように）の要素として「車で」を入れてみます。祖父母の家に行くのにwhy（どうして）という理由が必要かどうかはわかりませんが、ここでは例として「長い間会っていないから」いう説明を入れてみましょう。

　説明を入れるときには、because（なぜなら）で始め、おじいさんとおばあさんがどこに住んでいるか、というdetail（詳細）もつけ加えるとよいでしょう。これらの説明がきちんと書かれているかどうかが、1年生と2

年生の違いと言えます。「何がどうした」という簡単な文章から、さらに説明を入れることで、「ふうん、それで？ ああそうなの」と読者が興味をそそられる内容になります。ここでは、おじいさんとおばあさんはテキサス州に住んでいることにしましょう。

2 I'm going to visit my grandparents in Texas during this summer vacation by our car, a Jeep, because I have not seen them since the last Christmas.

（今年の夏休みに、ジープでおじいさんとおばあさんがいるテキサス州に行きます。昨年のクリスマス以来会っていないからです）

この文章にさらに、「楽しみだなあ」という気持ちを加えてみましょう。おじいさんやおばあさんには、孫を甘やかしがちな、親とはまた別の優しさがありますね。そんな気持ちを書きます。**2** の文章に自分の祖父母に対する感情を入れてみます。

3 I'm going to visit my grandparents in Texas during this summer vacation by our car, a Jeep, because I have not seen them since the last Christmas.
I'm really excited to see them.

（今年の夏休みに、ジープでおじいさんおばあさんがいるテキサス州に行きます。昨年のクリスマス以来会っていないからです。会うのが本当に楽しみだなあ）

これで、誰がどこへ行くのか、どうして行くのか、それに対する自分の嬉しいという気持ちなどが読み手に伝わってくるような文章になりました。

6トレイト ❷ 文章の構成を考えるときのポイント

▶ 文章の流れに連続性を持たせる

first（はじめに）、then（それから）、after（その後）、next（次に）、later（後に）、last（最後に）などの接続詞で文をつなげると、文の切れ目や流れがスムーズになって読みやすい文章になります。特に、パラグラフをつないでいく橋渡しの役割を果たしてくれます。

▶ 文章を自然につなげる

上記と似ていますが、because（〜なので）、so（だから）、when（〜とき）、however（しかしながら）などを使って文をうまくつないでいきましょう。特にbecauseは、文をつなげるときや自分の言ったことを説明するときに、最も基本的で重要な役割を持っています。これらの言葉で文をつなげると次に何が言いたいのかが読み手に明確に伝わりやすくなります。

▶ When（いつ）を明確にする

one day（ある日）、last week（先週）、when I was little（私が小さいころ）など、いつのことか時間をはっきりさせるようにしましょう。

▶ 文章を締めくくるフレーズを効果的に使う

so finally、in the end（最後に）、That's all.（以上です）などのフレーズを使い、読み手にここが最後の締めであるということをはっきりと伝えましょう。

▶「原因と結果」の構成を意識する

「〜だからこうなります」というcause and effect（原因と結果）を頭に入れながら構成すると、説得力が増します。

▶ 問題を提起して、解決をうながすように構成する

例えば、「スペイン語をアメリカの公用語として認めようという動きがありますが、私の考えは……」などと問題を提起した後で自分の意見をはっきりと述べ、その上でどうすべきかという解決策を述べます。

6トレイト ❸ voice（自分の意見・主張）を入れる

　voice とは、自分の思っていることを自分らしい個性と感情で表現することです。どんなことに対しても、何かしらあなたならではの意見が必ずあるはずです。ユーモアに満ちたあなた、思ったことをズバッとはっきり言うあなた、奥ゆかしいあなた、理路整然としているあなたなど、自分ならではの voice を書いてみましょう。❸の文章にさらに、自分の祖父母に対する感情を入れてみます。

4 **I'm going to visit my grandparents in Texas during this summer vacation by our car, a Jeep, because I have not seen them since the last Christmas. I'm really excited to see them.** My grandparents are so special to me. They are not strict like my parents. They buy nice things that I always wanted to have.

（中略……おじいさんとおばあさんはぼくにとって特別な存在です。ふたりはお父さんとお母さんみたいに厳しくないですし、ぼくがいつも欲しかったいい物を買ってくれます）

6トレイト ❸ voice を入れるときのポイント
▶ 私ならではの意見を入れる
▶ 自分の意見に、自分らしいと思える個性を出す

おじいちゃん、おばあちゃんが「特別」なら、その気持ちをしっかり表現しよう。

　最後に voice をつけ加えたことで、祖父母に対する自分の気持ちがはっきり表現され、文章に個性が出てきました。ここで一度、文章のリズム、スペルミスはないかどうかをチェックするため、声に出して読んでおきましょう。

6トレイト ❹ 語彙の選択

祖父母が自分にとってとても特別な存在であると言うとき、単純に特別＝special を使うのではなく、言い換えられる別の表現がないか、いくつか考えてみましょう。

special / nice / wonderful / kind / amazing / marvelous / fantastic / fabulous

いくつか候補を挙げたら、その中から音の響きがよく、自分の気持ちが一番出ている、しっくりくると思われる単語を選びます。自分の感覚を頼りに選んでかまいません。こうすると、文章に自分らしさが出てきます。

6トレイト ❹ 語彙の選択のポイント

▶ **自分の気持ちを最もよく表現できている語彙を選ぶ**
例えば上記の形容詞の場合、自分の気持ちを的確に表現できるのは、special でしょうか、fabulous でしょうか。いずれにしても、自分が一番「これだ！」と思う語彙を選択してください。

▶ **伝えたいことが明快になる語彙を選ぶ**
「クリスマス以来会っていない」と書いたことで、どうして祖父母に会いたいのかがはっきりと伝わってきます。

▶ **情景が浮かんでくるような語彙を選ぶ**
祖父母はテキサスに住んでいる、祖父母の家にはジープで行く、好きなものを買ってくれる祖父母が大好き、という温かみが伝わってくる語彙の選択です。where（いつ）、why（なぜ）を頭に入れながら語彙を選びます。

いくつか候補を出して、自分が一番しっくりくる言葉を選ぼう。

6トレイト ⑤ 文章の流れ・リズム

文章に流れやリズムがあるか、組み立てはしっかりしているか、目で読むだけではなく、声に出して読むとどのように聞こえるかなどをチェックします。リズムが平坦にならないように、短い文と長い文を適度に織り交ぜましょう。

> **6トレイト ⑤ 文章の流れ・リズムのポイント**
>
> ▶ 話し言葉、書き言葉のリズムを交えながら、文章の流れをよくする
> ▶ 短い文、長い文を交ぜて構成する
> ▶ 基本である主語、動詞が書かれているかをチェック！

6トレイト ⑥ 文法などのルールを守る

スペル（つづり）に間違いがないか、声に出して読んでみて全体的に再チェックします。リズムはよいか、句読点を正しく使っているか、エクスクラメーション・マーク（!）を時折効果的に使いながら感情をうまく表現できているか、文の最初は大文字ではじめ、最後はピリオドで終わっているか、インデント（字下げ）は正しくできているか、といった点です。

正しい文章を書く
↓
自分で編集（self-editing）
↓
生徒同士でチェック（peer editing）
↓
先生に見せる（teacher editing）

6トレイト ❻ 文法などのルールのポイント	
▶ 左から右へと書く	▶ タイトルを書く
▶ 大文字、小文字の違いをはっきり区別する	▶ 新しいパラグラフを書くときは字下げをする
▶ 単語と単語の間にはスペースを置く	▶ 句読点を正しく使う
▶ 冒頭のページには名前を忘れずに書く	▶ 誰にでも読めるように書く

　そして、これらの6トレイトに＋1として、もうひとつ項目を加えた学校も多いのです。

6トレイト＋1　プレゼンテーション

　6トレイトにある項目に基づいて完成した文章を、最後に清書します。きちんと書く練習の集大成として、パソコンやワープロなどがあれば文字を打ち込むか、あるいは最後にプレゼンテーションを行います。DG校では、校長や父兄、他のクラスを招いて行っていました。

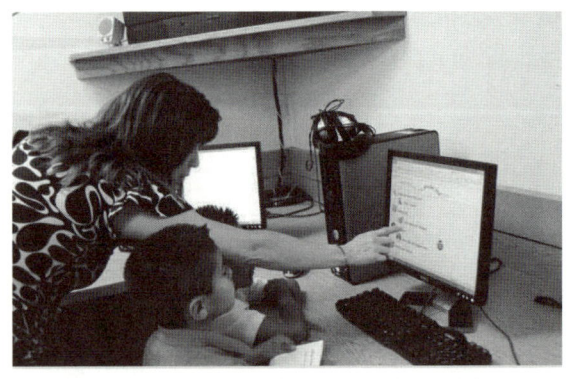

先生に教わりながら、最後の仕上げにパソコンを使って清書をしているところ。

2 書くことをより具体化する Four Square Writing Method

「書き方」の発展形として、いくつかの学校では6トレイト（チェックポイント・特色）をさらに具体化した、フォー・スクエア・ライティング・メソッド（Four Square Writing Method:以降「4スクエア」）というアプローチが使用されていました。「書く」という作業に四角をビジュアル・オーガナイザー[※1]として使用し、よりわかりやすく、具体的に書くために、教育者であるJudith S. Gould（ジュディス・S・グールド）[※2]が考案したアプローチです。英語を第2外国語として学ぶ日本の社会人の方たちが英語で「書く」ことを学び直すのに、具体的でわかりやすく、また視覚的に考えを整理していくのにぴったりの優れた方法で、様々な州の、特に基礎を築く低学年クラスで採用されています。

Lesson ※1 ▶ Visual Organizer（ビジュアル・オーガナイザー）

日本では「マインドマップ」という名称でも知られているウェッブは、教育やビジネスの世界で頻繁に使われています。いわば「目に見える形の資料」のことで、脳の中にある記憶や学んだことのつながりを整理し、理解するための思考のプロセスと考えてください。ウェッブはこれをクモの巣のような図で視覚的に表現したものです。

Lesson ※2 ▶ Judith Gould

作家。小学校から高校までの幅広い教育経験がある。多くの学校から招待される「書き方」のベテラン講師。自ら提唱した「フォー・スクエア・ライティング・メソッド」は、効果的に書き方を学べるメソッドとして高い評価を得ており、このテーマで10数冊の本を上梓している。

http://www.sdresources.org/education_seminars/judith_gould.html

DG校では必須の項目として、幼稚園から5年生まで、一貫してこのメソッドを使っていました。つまり、先生たちはみなこのメソッドを「書く」授業に採用しなければならないことになっていたのです。4スクエアを採用する前まで、先生方は「書き方」の指導に6トレイトを採用していました。4スクエアはこの6トレイトが土台となっているところが多く、6トレイトをよりビジュアル化したメソッドとも言えます。

　私が参観をさせていただいたDG校では、2009年から4スクエアを低学年のクラスで採用するようになりました。このメソッドは、6トレイトをふまえながら「書き方」をさらに具体化した教育法で、目で見てわかりやすいように、ビジュアル・オーガナイザーとして4つの四角形を使うのが特徴です。シート中心の枠にテーマを書き、中心のテーマを説明するために3つのdetail（説明、描写）を四角1～3に書きます。4つ目の四角は他の四角と少し役割が異なり、四角1～3の3つのdetailをメイン・アイデアにつなげ、ひとつの文や文章にまとめます（例外として、まとめではなく、メイン・アイデアに対する自分の意見を書く場合もあります）。

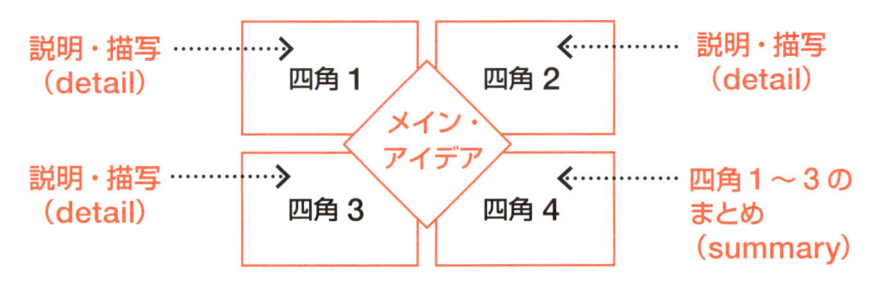

説明・描写 (detail)	四角1	四角2	説明・描写 (detail)
		メイン・アイデア	
説明・描写 (detail)	四角3	四角4	四角1～3のまとめ (summary)

　それでは、アメリカの1年生ならこれくらいは書ける、というレベルの文を少しずつ紹介していきます。書く前のプランの段階で、ビジュアル・オーガナイザーである4スクエアの用紙を手元に用意してください。用紙は下記のサイトからダウンロードできます。

http://cosmopier.com/shoseki/write_06.html

例1 単語を並べて短い文を作る

　まずは手はじめに短い一文を作ってみましょう。書く前のプランの段階で、4スクエアの紙を用意してください。真ん中に何を書くかのメイン・アイデアを書きます。

1 メイン・アイデアを決める

　ここではメイン・アイデアを「my dog」とします。メイン・アイデアは中央に書き入れます。

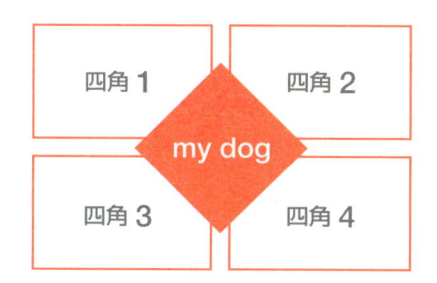

```
┌─────────┐┌─────────┐
│  四角1   ││  四角2   │
│       ╱◆╲       │
│      ◆my dog◆      │
│       ╲◆╱       │
│  四角3   ││  四角4   │
└─────────┘└─────────┘
```

2 四角1～3に詳細を3つ書く

　次に自分の犬を表現する描写を3つ考え、四角1～3に入れます。

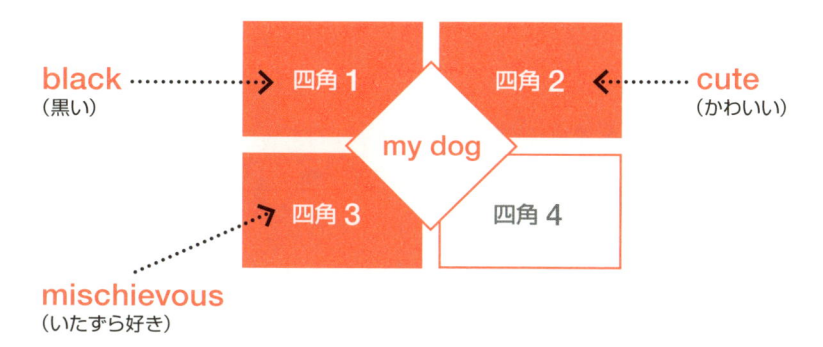

black ……→ 四角1　　四角2 ←…… cute
(黒い)　　　　　　　　　　　　　(かわいい)

　　　　　　　　my dog

　　　　↗ 四角3　　四角4
mischievous
(いたずら好き)

3 summary を書く

四角 1〜3 に入れた内容をメイン・アイデアに結びつけ、四角 4 でまとめます。

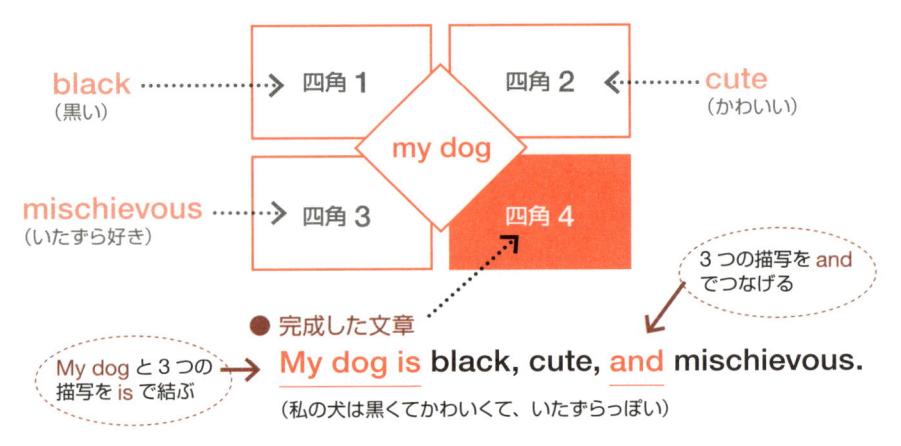

```
black ………→ 四角1      四角2 ←……… cute
(黒い)              my dog              (かわいい)

mischievous …→ 四角3     四角4
(いたずら好き)
```

（3つの描写を and でつなげる）

● 完成した文章

My dog is black, cute, and mischievous.
（私の犬は黒くてかわいくて、いたずらっぽい）

（My dog と3つの描写を is で結ぶ）

ひとつの文ができあがりました！　このように、4スクエアはこれから書こうとしていることを、書く前の段階で明確に具体化するのにとても便利な方法です。

例2　もう一度文を作ってみよう

次は、単語を文に仕上げていく作業から少し進めて、ごく短い文を四角に入れながら文を作ってみましょう。基本的な手順は例1と変わりません。

1 メイン・アイデアを決める

ここでは、真ん中のメイン・アイデアを花の daisies（デイジー）とします。

```
四角1    四角2
      daisies
四角3    四角4
```

50

2 detail を3つ書く

次に、daisies を説明する detail を1〜3の四角の中にひとつずつ英語で書き入れます。

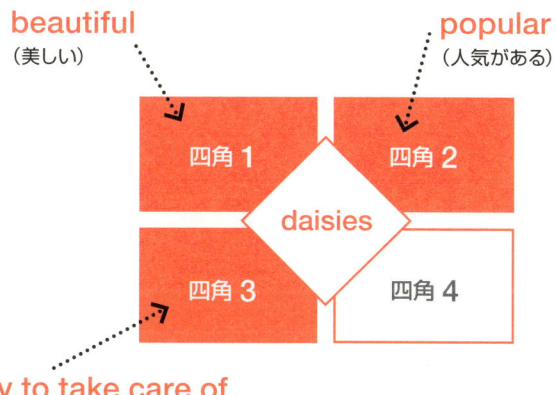

beautiful
（美しい）

popular
（人気がある）

四角1　四角2
daisies
四角3　四角4

easy to take care of
（世話が簡単）

3 summary を書く

4つめの四角に、メイン・アイデアと3つの detail をひとつにまとめて入れてみましょう。

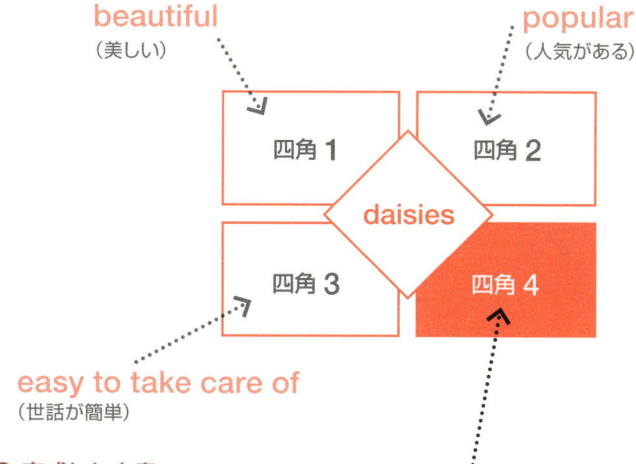

beautiful
（美しい）

popular
（人気がある）

四角1　四角2
daisies
四角3　四角4

easy to take care of
（世話が簡単）

● 完成した文章

Daisies are beautiful, popular, and easy to take care of.
（デイジーはきれいで人気があるし、世話が簡単です）

daisies と beautiful を are で結び、さらに 3 つの形容詞を含む描写を and で結んでひとつの文になりました。次の例では、もう少し詳細な文を書くことにチャレンジしてみましょう。

例 3　より詳細な文にチャレンジ

四角の中に文を入れてまとめる練習をしてみましょう。

1 メイン・アイデアを決める

メイン・アイデアを、I want to be a doctor when I grow up.（大きくなったら医者になりたい）とします。

```
四角 1        四角 2
   I want to be a doctor
      when I grow up.
四角 3        四角 4
```

2 detail を 3 つ書く

メイン・アイデアを踏まえて、四角 1 〜 3 に「医者になりたい理由」を考えて書き入れてください。ここでは、「〜に興味があるから医者になりたい」という流れにするため、I'm interested in...（〜に興味がある）の形で 3 つ挙げてみます。

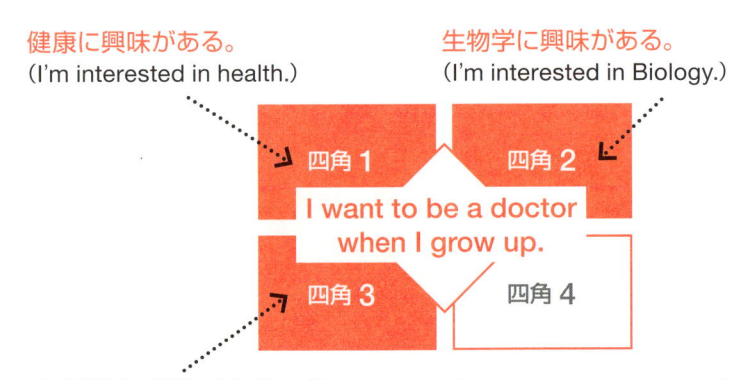

健康に興味がある。
(I'm interested in health.)

生物学に興味がある。
(I'm interested in Biology.)

```
四角 1 ←        → 四角 2
   I want to be a doctor
      when I grow up.
四角 3           四角 4
```

お金儲けに興味がある。(I'm interested in making good money.)

※ちなみに、アメリカでは生物学が好きな生徒は医者になり、物理学などが好きな生徒はエンジニア方面へ進む傾向が多いようです。

3 summary を書く

四角1〜3をまとめて、四角4でひとつの文にします。

健康に興味がある。
(I'm interested in health.)

生物に興味がある。
(I'm interested in Biology.)

四角1　四角2

I want to be a doctor when I grow up.

四角3　四角4

お金になる。
(I'm interested in making good money.)

● 完成した文

I want to be a doctor when I grow up, because I'm interested in health, Biology and making good money.
（健康と生物学、お金儲けに興味があるので大きくなったら医者になりたい）

もちろん、I'm interested in という表現にこだわらなくても結構です。下の文のように I like や I love を使っても OK です。

because I like to be healthy, also I like Biology, finally I love making money.
（健康でいるのが好きだし、生物学が好きだし、それにお金を稼ぐのが大好きだから）

このように、because、also、finally などの接続詞を使うと言いたいことがより明確になります。接続詞には、おもに下記のようなものがあります。

> 接続詞の例
> also, because, due to, first of all, finally, at last, then, after

例4　少し長めの文を作ってみよう

よりたくさんの情報を盛り込んだ文を書いてみましょう。

1 メイン・アイデアを決める

ここではメイン・アイデアを、I love sandwiches.（私はサンドイッチが大好き）とします。

```
┌─────────┬─────────┐
│  四角1  │  四角2  │
├─────────┴─────────┤
│  I love sandwiches.│
├─────────┬─────────┤
│  四角3  │  四角4  │
└─────────┴─────────┘
```

2 detail を3つ書く

メイン・アイデアが I love sandwiches. なので、なぜサンドイッチが好きなのかという detail（理由）を四角の1〜3に埋めていきます。

easy to make
（簡単に作れる）

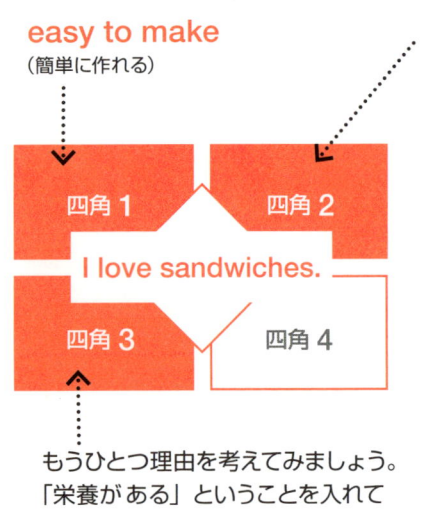

we can use ham, sausages, cheese, vegetables and any of our favorite things.
（ハムやソーセージ、チーズ、野菜など何でも好きな物を入れられる）

```
┌─────────┬─────────┐
│  四角1  │  四角2  │
├─────────┴─────────┤
│  I love sandwiches.│
├─────────┬─────────┤
│  四角3  │  四角4  │
└─────────┴─────────┘
```

もうひとつ理由を考えてみましょう。「栄養がある」ということを入れてみます。

nutritious　（栄養がある）

3 summary を書く

四角4はまとめです。because を使って1〜3をまとめます。

easy to make
（簡単に作れる）

we can use ham, sausages, cheese, vegetables and any of our favorite things.
（ハム、ソーセージ、チーズ、野菜、なんでも好きな物を入れられる）

四角1　四角2
I love sandwiches.
四角3　四角4

もうひとつ理由を考えてみましょう。「栄養がある」ということを入れてみます。
nutritious　（栄養がある）

● 完成した文章

I love sandwiches because they are easy to make, also, we can use ham, sausages, cheese, vegetables and any of our favorite things, and above all, they are nutritious.

（サンドイッチは簡単に作れて、ハムやソーセージ、チーズ、野菜など何でも好きなものを入れられるし、おまけに栄養があるので大好きです）

　これで完成です。ポイントは、文をきれいにまとめるために because などの適切な接続詞をうまく使っていくことです。

例5 複数のパラグラフがある長い文章を作る

一文ではなく、複数のパラグラフで構成された長い文章を作ってみましょう。

1 メイン・アイデアを決める

I like to dress in black clothes.
（黒い服を着るのが好きだ）

— there are many reasons.
（理由はたくさんある）

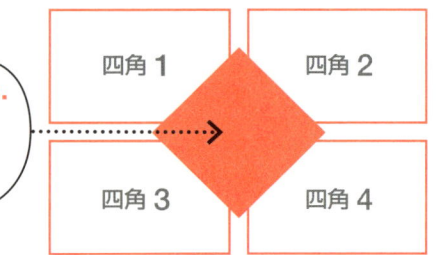

四角1	四角2
四角3	四角4

2 detail を3つ書く

メイン・アイデアが I like to dress in black clothes. なので、なぜ黒い服が好きなのかという detail（理由）を四角の1〜3に埋めていきます。

It creates a nice contrast with any color.
（どんな色ともよく合わせられる）

—black and white have a sharp contrast
（黒と白はコントラストがシャープ）

—black and red are bold together
（黒と赤は一緒にすると力強い）

—black and yellow look modern
（黒と黄色はモダンに見える）

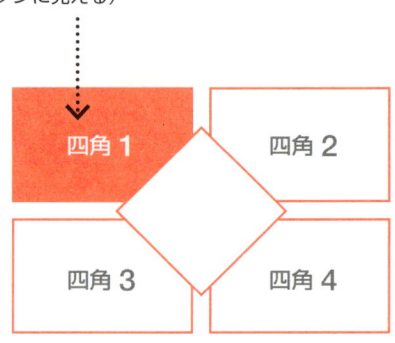

四角1	四角2
四角3	四角4

ライティングの授業で使われるさまざまなメソッド 第2章

Also, it goes with blue turquoise, pearl, and gold jewelry.
(また、青いトルコ石や真珠、宝飾品と調和する)

— a silver belt
(銀のベルト)

— purses made of any materials like straw, leather, or metal go well together
(ワラ製や革製、金属製など、どんな素材のバッグにも合う)

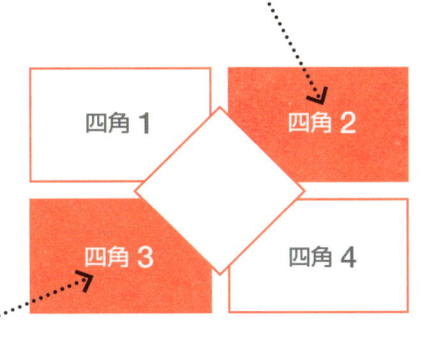

四角1	四角2

(中央に菱形)

四角3	四角4

Black is very versatile. It can be sporty or formal.
(黒は非常に多用途で、スポーティにもフォーマルにもなる)

—wear black tennis shoes with one black outfit
(黒のテニスシューズに黒の洋服を合わせる)

—wear black heels with the same outfit
(黒のヒールに同じ色の洋服を合わせる)

—looks nice on me!
(私にぴったり！)

57

3 summary を書く

It creates a nice contrast with any color.
（どんな色ともよく合わせられる）
―black and white have a sharp contrast
（黒と白はコントラストがシャープ）
―black and red are bold together
（黒と赤は一緒にすると力強い）
―black and yellow look modern
（黒と黄色はモダンに見える）

Also, it goes with blue turquoise, pearl, and gold jewelries.
（また、青いトルコ石や真珠、宝飾品と調和する）
―a silver belt
（銀のベルト）
―purses made of any materials like straw, leather, or metal go well together
（ワラ製や革製、金属製などどんな素材のバッグにも合う）

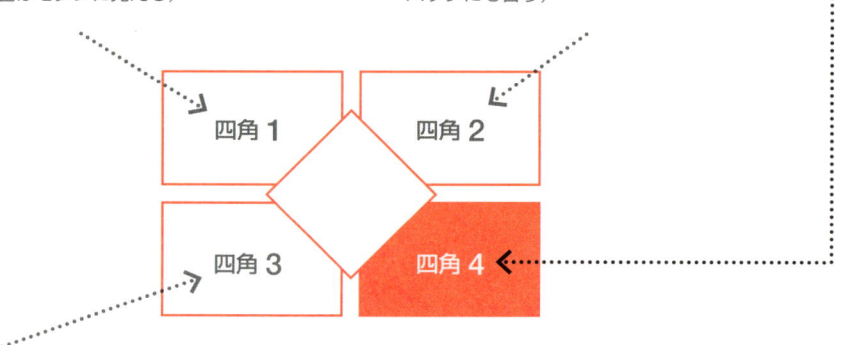

四角1　四角2　四角3　四角4

Black is very versatile. It can be sporty or formal.
（黒は非常に多用途で、スポーティにもフォーマルにもなれる）
―wear black tennis shoes with one black outfit
（黒のテニスシューズと黒の洋服を合わせる）
―wear black heels with the same outfit
（黒のヒールに同じ色の洋服を合わせる）
―looks nice on me!
（私にぴったり！）

ライティングの授業で使われるさまざまなメソッド 第2章

● 完成した文章

I like to dress in black colors. First of all, it creates a nice contrast with any color. For example, if I wear a black dress, I can wear a white cardigan, it will create a sharp contrast. If I wear black and red, they look very bold together. Wearing black and yellow looks modern.

Also, black goes with blue turquoise, pearl and gold jewelry. A silver belt can be nice with black. Purses made of any materials, straw, leather, or metal would go really well.

The other reason I like black is that it is very economical. It can be sporty or formal. I can wear black tennis shoes during daytime with a black outfit, and black heels at night. How about that? Above all, black looks very nice on me!

（私は、黒いドレスを好んで着ます。というのは、どんな色と合わせても素敵なコントラストを作りだしてくれるからです。例えば、黒いドレスの上に白いカーディガンを着るとシャープな感じが出ます。黒と赤をあわせて着ると、その色の組み合わせから、力強い雰囲気が生まれます。黒を黄色と合わせれば、モダンな感じが出ます。

しかも、黒は、トルコ石、真珠、金などの宝石類とも合わせやすいのです。黒を着たときには銀色のベルトもよし、ワラ製や革製、金属製などどんな素材のバッグにも合います。

私が黒を好むもうひとつの理由は、黒という色は経済的だからです。スポーティな装い、フォーマルな装いのどちらにもぴったりです。例えば、黒い服には昼間はスニーカーをはいてもよし、そして、夜はヒールにはきかえればシックになります。いかが？　でも結局のところ、一番言いたいのは、黒は私に似合うということなのです）

はじめは短い一文でも、少しずつ段階を踏んでいくことで最終的にはこのような長い文章が書けるようになります。パラグラフが複数ある文章を書くときは、前のパラグラフとのつながりをよくするために、各パラグラフの冒頭に接続詞をうまく活用してください。文のつながりがよくなり、全体的にしまった論理的な文章になります。

3 | 4、5年生で使用する Inverted Triangle

　4年生、5年生になると、Inverted Triangle（以降「インバーテッド・トライアングル」）と呼ばれるメソッドを取り入れて、複数のパラグラフを書く練習をするようになります。まず逆三角形の一番上のマスに最も言いたいことを書いて注意をひき、その下のマスに導入となる文を書き、4つ目のマスで締めくくる「書き方」で、おもにジャーナリズムの世界で使われはじめたとされています。何をパラグラフに書くかを決めたら、各パラグラフを4スクエアを使って整理し、最後に三角形で結論をまとめます。詳しくは、第3章の4年生の参観記録（*p*.103～）で改めて説明します。

Lesson ▶ Inverted Triangle（インバーテッド・トライアングル）

インバーテッド・トライアングルとは、逆三角形のこと。4スクエアで整理していく書き方をさらに発展させた、パラグラフで構成されるやや長めの文章を書くときに、より具体的に書くためのアプローチです。広義的な考えから、少しずつ具体的に書くことをしぼっていきます。

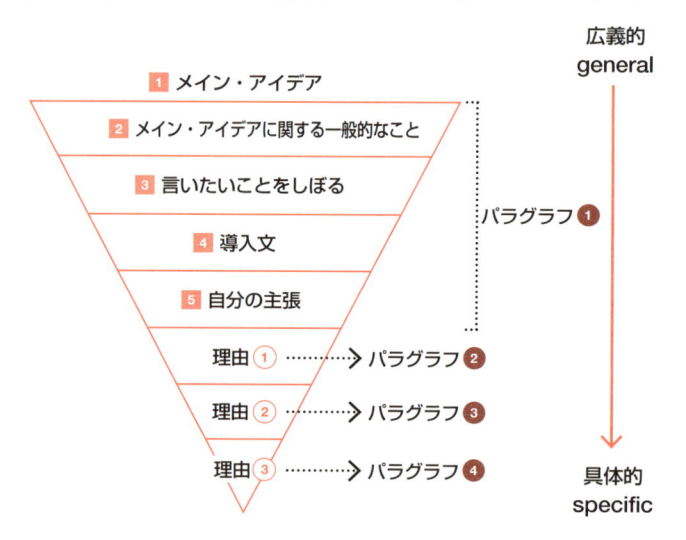

```
広義的
general

1  メイン・アイデア
2  メイン・アイデアに関する一般的なこと
3  言いたいことをしぼる            ┐
4  導入文                          ├ パラグラフ ❶
5  自分の主張                      ┘
    理由 ①  ……▶ パラグラフ ❷
    理由 ②  ……▶ パラグラフ ❸
    理由 ③  ……▶ パラグラフ ❹

具体的
specific
```

第3章

小学校のライティング授業の参観記録

■幼稚園のライティングの授業で求められる水準 —— 62
■1年生のライティングの授業で求められる水準 —— 71
■2年生のライティングの授業で求められる水準 —— 80
■3年生のライティングの授業で求められる水準 —— 93
■4年生のライティングの授業で求められる水準 —— 101
■5年生のライティングの授業で求められる水準 —— 117

幼稚園から5年生までの書き方の授業を各学年につき1クラスずつ参観した記録です。学年ごとに定められた「これだけはマスターしておきなさい」という「書き方」の水準を、実際の授業の様子とともにご紹介します。

この章では、幼稚園から5年生までの6年間でどのように「書き方」を学んでいくかをご紹介していきます。「書き方」は、リテラシー（読み書き）の一部として扱われています。州で決められている学年ごとの達成目標と求められている水準を、私が参観した授業のレポートをもとに探っていきたいと思います。

幼稚園のライティングの授業で求められている水準

Main Idea（メイン・アイデア）
☐ 何を書くのかについてのメイン・アイデアを理解している

Pictures（絵）
☐ 書きたいことの細かいdetails（描写）は絵で表現する

Words（単語）
☐ 書きたい単語は声に出して言ってみる。そして耳から聞いた音をノートに書きだす
※幼稚園では、音になじませようと努力させることからはじめます。

☐ 教室の壁に貼ってある単語などを参考にしながら、なるべく正しいつづりで書くように心がける
☐ 自分で書いたものが、たとえインベンティブ・スペリングでも、人に読んであげることはできる

Organization（全体の構成）
☐ 左から右に書く
☐ 単語と単語との間にスペースをあけて書くようにする。人さし指でスペースを空けて書く

幼稚園 「書く」ということに慣れる、楽しむ
【参観報告】サンダバル先生の幼稚園クラス

　幼稚園の授業は、DG校のサンダバル先生のクラスを参観させてもらいました。先生は大変丁寧に教育理念などを説明してくれました。州によって異なることもありますが、第1章で説明したように、アメリカの小学校教育は幼稚園から始まり、5年生で終えるのが一般的です。

　中学校は、6年生（6th grade）から8年生（8th grade）まで。高校は9年生（9th grade）から12年生（12th grade）までです。その呼び方は、freshman（高校1年）、sophomore（2年）、3年（junior）、4年（senior）となり、幼稚園から始まった義務教育は高校4年で終わります。

　メキシコに近いニューメキシコ州の小学校ということもあり、サンダバル先生の受け持つクラスの生徒たちは家庭ではスペイン語を話す子どもばかりです。家で英語だけを話す生徒たちを集めたクラスもあります。そうした家庭での言語環境を考慮してクラスが編成されています。

　この学校における幼稚園のクラスは全部で3つ。クラス編成は、スペイン語と英語を半分ずつ使用するクラスが2クラス、それに英語だけのクラスがひとつあり、親の希望で選ぶことができます。アメリカで生まれ育ち、スペイン語をまったく知らなくても、「これからはスペイン語が大切な世の中になる、将来の仕事を得るために役に立つはず」という親の考えから、スペイン語とのバイリンガル教育を受ける子どもも増えています。

　サンダバル先生のクラスに入ってくる生徒たちの中には、三角、四角、丸などの形の表現を英語でもスペイン語でも知らない生徒が多いそう

で、そうした生徒にはとにかく、visual（視覚）とmotion（動作）から入って教えるそうです。教室にはカラフルな絵がたくさん飾られていました。私はサンダバル先生のクラスを半日以上見学させてもらいましたが、その中で、英語を知らない子どもたちへのアプローチとしてのvisualとmotionをたっぷりと目にすることができました。

例えば、曜日をおぼえるためには、体全体を使います。Mondayなら「上からいくぞ〜」と言って頭のてっぺんをさわり、頭とMondayを結びつけて覚えてしまおうというわけです。同じ調子で続け、Sundayにたどりつくときには体をまげて座ってしまいます。そして、壁に貼ってあるMondayからSundayまでを英語とスペイン語で読み、動物の鳴き声の擬音語も英語とスペイン語の両方で読んでいきます。ひとつの単語は音を細かく切って、単語はどんな音から成り立っているか、単語ができあがっていく成り立ちを学ぶため、単語を分解する練習もさかんに行います。

サンダバル先生の幼稚園のクラス。

はじめのうちは、スペイン語で書いてもよいということにしているそうで、とにかく「書かせる」ことを大切にしているとのことです。絵が上手な子なら、スペイン語で楽しみながら書く習慣をまず教え、しばらくは「書く」こと自

サンダバル先生は体で表現して教えます。

体を生徒に楽しんでもらうようにします。先生たちは、「challenge（チャレンジ）しましょうね」ということをよく言います。「新しいことを学んでみようか、きっとできるよ」という意味がこめられています。焦らずに少しずつ、楽しませながらやることが大切です。下の絵を見てください。実に楽しそうに書いたことが伝わってきますね。

1年生で本格的に学び始める4スクエアを、幼稚園のうちからコンセプトだけ教えておくそうです。例えば、「週末に何をしたか」を4コマの絵で説明させる宿題を出すと、さまざまな形の図形を描けなかった生徒も、やがて四角形や三角形を使って絵日記をつづるようになり、1単語、2単語と英語やスペイン語で書くようになります。それが、やがてひとつの文を書くことにつながっていくそうです。

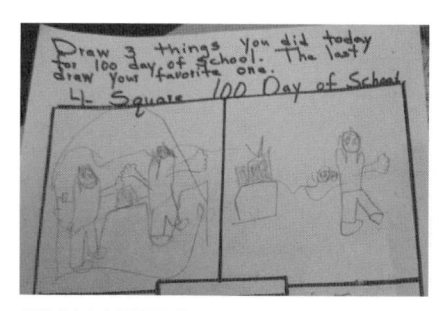

はじめはスペイン語でもOK。「書くことって楽しい！」と思ってもらうように、とにかく書かせます。

文字のない絵日記から……

1～2個の単語を入れるようになります。

　学校がはじまって100日目に何をしたのかについて、絵で説明しています。友だちと遊んだことや喧嘩したことなどをつづっていますが、Smithというお店に買い物に行ったときのことを書くときには、SMITSという文

字を入れるようになっています。「ちょっとスペルの間違いはあるけれど、この成長がうれしいんです」とサンダバル先生は本当にうれしそうに語ってくれました。英語を書くことに少しずつ親しんできているのがわかります。

　これらの4コマのストーリーを、子どもたちは何を表現したのかを先生にとくとくと読んできかせるそうです。「書く」ということが、子どものなかに喜び・楽しいものとして入ってきます。これなどは、子どもを持つ日本のお母さんたちがご家庭で使えるアイデアですね。4コマに今日の出来事などを書き、知っている英語を混ぜながら日本語で何をしているのかを子どもに表現させる。このあたりから始めるとよいでしょう。

　サンダバル先生がライティングの指示をしているときには、「アダルト教育」のウイリアムス先生がリーディングの手伝いにきます。アダルト教育とは、その名の通り、英語を話せない親に対する教育です。「子だけでなく、親も教育しなければ」という国の方針から行われている教育ですが、不景気のためにアダルト教育に関する予算は半分にカットされるそうです。

　ウイリアムス先生が教えるリーディングを見ていると、子どもたちは本に出てくる単語の音を声に出して練習し、発音から入っていきました。例えば this なら th-i-s と3つに細かく分けてから、次に thi-s と音をふたつに、そして最終的に this とひとつで発音し、

時間のあるときには、アダルト教育のウイリアムス先生が幼稚園のクラスを手伝いにきます。

リーディングに入ります。5個くらいの単語から構成されている短い文章の1単語ずつを指で追うトラッキング（tracking）で読んでいきます。かなりスラスラと読んでいるのには驚きました。

一語ずつ文字を指で追いながら読むトラッキング。

　授業の後半になると、サンダバル先生が、雑誌から切り取った写真を線入りの紙に貼り付けたものを生徒に渡しました。紙にはI seeとだけ書かれています。

　　　先生：何を見ましたか？
　　　生徒：水！
　　　先生：何色？
　　　生徒：青。
　　　先生：何をしているところかな？
　　　生徒：泳いでる。

　このようなやりとりを交わした後に、「では今のdetail（詳細）を文にしてみましょう」というように働きかけていきます。この場合、つづりは壁に貼ってあるワードウォール（＝単語の一覧表）を見ながらアルファベットの音を出させ、自分の出した音を聞いて、聞こえた通りに書かせます。その結果、次のような作品ができあがりました。

I see wtr, swem, u can swem.

- wtr → water
  生徒は、つづりは water でも、耳で聞いた場合、wtr の音を聞いたのです。つづりを正しくおぼえていくひとつの過程です。

- u → you
  これも耳で聞いた音は、「u」なのです。そのうちに you とかけるようになります。

- swem → swim
  「e」と「i」の音の使い分けは、むずかしいですね。スペリングのテストなどをくり返すことによって、正しく書けるようになります。

音から書くこれらの表記法は、インベンティブ・スペリングと呼ばれています。何も読めなかった、書けなかった幼稚園生たちが、1年生になると文章を読めるようになり、そして書けるようになるという過程をじっくりと見学させてもらいました。幼稚園の段階では、自分が聞いた音をそのまま書かせ、1年生できちんとしたスペリングで書けるようにもっていき、2年生になるころまでにはインベンティブ・スペリングを卒業させるようにします。

音から書いたインベンティブ・スペリングの作文です。

机の上には、いつでも音を出せるようにアルファベットの表が、壁にはアルファベット順に並んだ単語の一覧が貼ってあります。幼稚園ではフォネミック・アウェアネス（phonemic awareness）で、音から単語を学ぶことに思いのほか力を入れています。

さて、1年生に進級する前に、幼稚園の子どもたちがこの学年で求められる水準に達していたか、振り返っておきたいと思います。

Main Idea（メイン・アイデア）

一番はじめの作業として、何を言いたいのかを決めるのがメイン・アイデアでしたね。これについては、どの子どもも問題なく考えられていました。

Pictures（絵）

文字で表現しきれないところを、うまく絵で表現できていました。絵を描くことが苦手な子どもがいたときには、先生が「じゃあ、とにかく好きな色を使ってみて」とゆっくりと時間をかけていました。そして、絵と色で言いたいことを表現していました。

Words（単語）

子どもたちは、音を出したり、途中で区切ったりしながら、耳からも音を学ぼうとしていました。また、教室の壁にたくさん貼られたワード・ウォールを見たり、口の開け方の例を見ながら、声に出す努力が見られました。

つづりはまだまだ間違いは多く、インベンティブ・スペリングの実例がたくさんありました。

単語の横に絵を描き、絵辞典として文字と絵のセットでおぼえます。

Organization（全体の構成）

指を使って、単語と単語の間にきちんとスペースを空けることを学んでいました。

これだけのことが何とかできてきたところで、ようやく1年生に進む準備が整ってくるのです。ちなみに、学年ごとに覚えておくべき単語を一覧にしたSight Word（サイトワード）というリストがあります。視覚（sight）、つまり目で見てそのまま覚えるという意味でこのように呼ばれています。サイトワードはごく基本的な単語ばかりなので、日本の学校の義務教育で勉強してきたみなさんならまず問題はないかと思います。

幼稚園のサイトワード

all	am	are	at
ate	be	black	brown
but	came	did	do
eat	four	get	good
have	he	into	like
must	new	no	now
on	our	out	please
pretty	ran	ride	saw
say	she	so	soon
that	there	they	this
too	under	want	was
well	went	what	white
who	will	with	yes

1年生のライティングの授業で求められている水準

Main Idea（メイン・アイデア）
☐ メイン・アイデアをはっきりとさせる
☐ 意味が通っているかを確認する

Support（メイン・アイデアをサポートする描写）
☐ メイン・アイデアを支える3つの説明、描写を書く
☐ 形容詞を使って文を書くことを心がける

Organization（全体の構成）
☐ すぐ書きはじめずに、考えをきちんとまとめてから書く
☐ beginning（はじめ）、middle（真ん中）、ending（終わり）という基本の流れを押さえる
☐ who、where、what（誰が、どこで、何を）が明確な文を書く
　例：I play soccer with my little brother.（ぼくは幼い弟とサッカーをします）

Convention（大文字、小文字の使い分け、句読点など）
☐ 文章のはじめは大文字で書く
☐ 句読点や感嘆符（．,！?）を正しく使う

Spelling（つづり）
☐ わからない単語は音を出してみる（sound out）- フォネミック・アウェアネス
☐ フォニックスの音のパターン（ay、ar、ow、th）を頭に入れながら書く
☐ 頻繁に出てくる単語（high frequency words）は正しくつづる

Presentation（書いた物を視覚的にプレゼンテーション）
☐ 左から右へと書く
☐ 単語と単語の間にスペースを空ける
☐ 提出する前に必ず読み返す

| 1年生 | **4 スクエアの実践例**
【参観報告】エイダー先生の1年生クラス |

　この1年生クラスでも、4スクエアを使った授業を展開していました。先生たちは電子黒板を使って、コンピュータの大きなスクリーンのパレットからいろいろな色を出すなど、視覚を強調した教え方をしていました。

エイダー先生は電子黒板を活用して書き方を教えていました。

　私が訪れたクラスの担任のエイダー先生は、先生が飼っているカラニーという犬について生徒たちに書いてもらうことにしたようです。「カラニーは、エイダー先生と遊んだり一緒にいるのが大好き」ということをメイン・アイデアに決め、書くステップに移っていきます。

■ **メイン・アイデア（テーマ）**

Kalani is a dog that likes to play and be with Ms. Ader.
（カラニーは、エイダー先生と遊んだり一緒にいるのが大好きな犬）

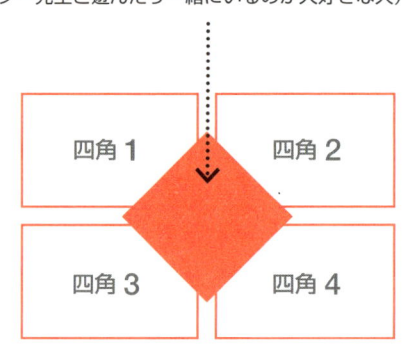

| 四角1 | 四角2 |
| 四角3 | 四角4 |

クラスでは、まず四角を埋めていくにあたって、ブレーンストーミング（話し合い）をしていました。「カラニーをどのように描写するか考えてみましょう。それを四角1（描写）に入れますよ」とエイダー先生。

何を描写するかをクラスのみんなで話し合います。

■ **四角1**

まず、カラニーがどんな犬なのかを描写します。

Kalani is part Chihuahua and part Labrador.
（カラニーは、チワワとラブラドールの雑種である）

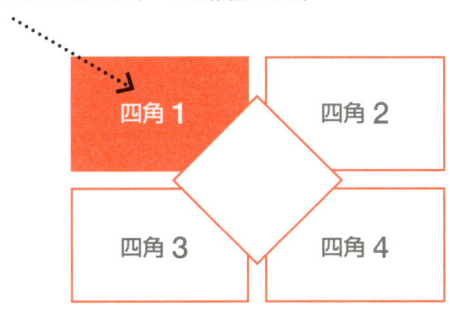

■ **四角2**

ふたつめの四角では、カラニーの生い立ちについて描写します。

Kalani was a stray dog and Ms. Ader rescued him.
（カラニーは捨て犬で、エイダー先生が助けてあげたのです）

■ 四角3

エイダー先生が、日ごろどのようにカラニーの世話をしているかについて描写します。

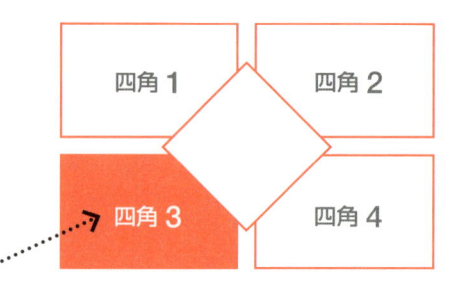

| 四角1 | 四角2 |
| 四角3 | 四角4 |

Kalani had his hair cut and now his ears stick out.
（カラニーは毛をカットしてもらい、耳が立っています）

■ 四角4

四角4で、メイン・アイデアと四角1～3をまとめます。
メイン・アイデアは、Kalani is a dog that likes to play and be with Ms. Ader. でしたね。四角1～3を That's why で結びつけます。

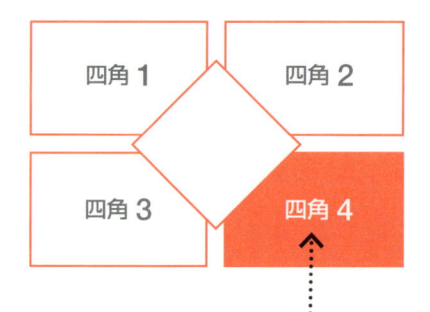

| 四角1 | 四角2 |
| 四角3 | 四角4 |

Kalani is part Chihuahua and part Labrador. He was a stray dog and Ms. Ader rescued him. Kalani had his hair cut and now his ears stick out. That's why Kalani likes to play and be with Ms. Ader.
（カラニーはチワワとラブラドールの雑種です。彼が捨て犬だったところをエイダー先生が助けました。カラニーは毛をカットし今では耳が立っています。そういうわけでカラニーはエイダー先生と遊ぶのが大好きです）

このようにつなげて、ひとつの文章が完成しました。しかし、私個人の意見としては、このカラニーの例文にちょっと異議があります。というのは、「犬のカラニーはエイダー先生が好き」というメイン・アイデアの説明にしぼるとなると、「カラニーが床屋へ行った」という描写は、メイン・アイデアとは結びついていないと思うのです。

あるいは、「Kalani is my dog」とメイン・アイデアをもう少し広義なものにしたならば、Kalani という愛犬についての説明・描写も、もっと自由にできたのではないかという気もしますが、これは私個人の意見です。

ちなみに私が参観したときは、エイダー先生がカラニーを教室に連れてきていました。生徒たちもカラニーが大好きで、とても楽しんでいました。きっと理論をみっちりと生徒に教えこむよりも、犬を教室に連れて来るといったリラックスした教え方が、エイダー先生のスタイルなのでしょう。

授業に登場したカラニーは、クラスの子どもたちに大人気でした。

生徒たちは、学年のはじめから4スクエアを実践してきているので、detail のひとつの中に形容詞の単語をうまく入れこんでいくなど、すっかり慣れた様子でした。このように、ビジュアル・オーガナイザーを効果的に使うと、書くときに頭を整理するのに役立ちます。文字だけでなく、図などの情報からも理解しようとするところがアメリカ的だなと思い、私もさっそく実践してみたくなりました。

ジョン君のサンプル

先生がお手本を示したところで、生徒たちに4スクエアの紙が渡され、いよいよ自分でメイン・アイデア（テーマ）を選び作文を書く番です。ここでは、その中からジョン君という1年生男子が書いた作品をご紹介します。

ジョン君のメイン・アイデアは、My baby brother cries a lot です。真ん中の枠に書き入れます。

■ **メイン・アイデア**

My baby brother cries a lot.
（ぼくの弟はよく泣く）

■ **四角 1**

赤ちゃんの弟が泣いたらどうするかのアイデアです。

I give him a bottle.
（ほ乳瓶をあげます）

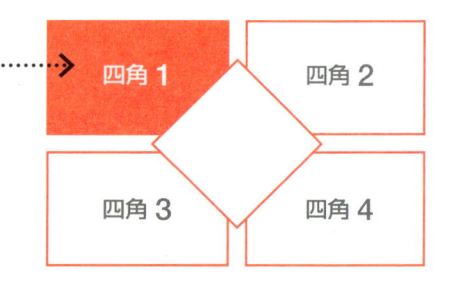

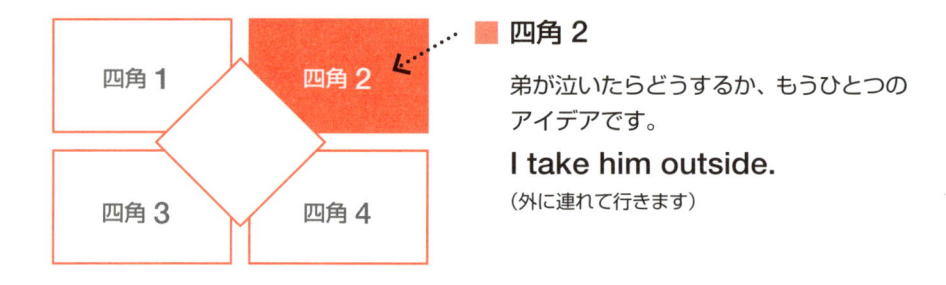

■ **四角 2**

弟が泣いたらどうするか、もうひとつのアイデアです。

I take him outside.
（外に連れて行きます）

小学校のライティング授業の参観記録　第3章

■ 四角 3

四角1と四角2では、弟が泣いたときにどうするかを考えました。四角3ではその理由を掘り下げます。四角2で外に連れていくと書いたので、ジョン君は「外に連れて行ってどうするか」を考えていました。その結果、ジョン君は I show him a dog.「犬を見せる」と答えを書きました。

I show him a dog.
（弟に犬を見せます）

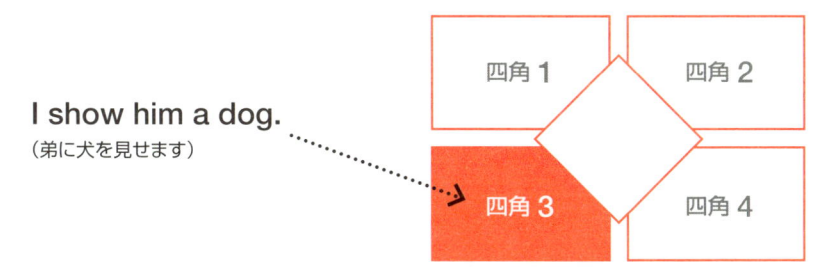

■ 四角 4

最後に、四角1～3に書いた3つの文をメイン・アイデアと合わせてひとつにまとめます。ジョン君はメイン・アイデアである My baby brother cries a lot. と3つの detail を when でつなげることにしました。

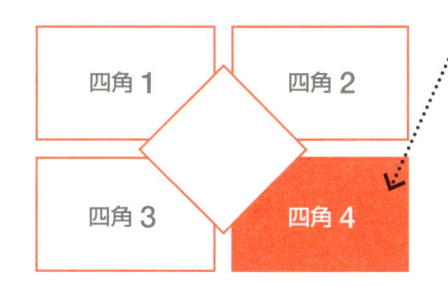

When my brother cries a lot, I give him a bottle, **and then** I take him outside **and** show him a dog.
（ぼくの弟が泣いたとき、ほ乳瓶をあげて、外に連れて行って犬を見せるよ）

　立派な文ができました。ジョン君は When で文をはじめた後に and then、and で文をつなげることなどもすでに習得しているようです。

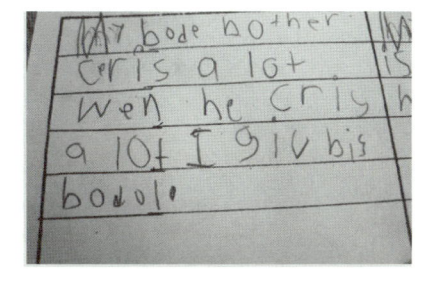

4スクエアを使ったジョン君の作品。

生徒は学年のはじめから4スクエアで書く練習をしているので、比較的スラスラと書いていますが、つづりは音から入っているため、よく見るとインベンティブ・スペリングがたくさんあります。ただ、この段階ではまだ「書くことの楽しさ」を優先して教えるため、エイダー先生は細かいミスは大目に見てガミガミと注意したりはしていませんでした。むしろ、エイダー先生はこの生徒のクリエイティブな才能をとてもほめていました。

ジョン君のインベンティブ・スペリングの例

（音）bode　　　　（正）baby

これを見て思わず「ジョンくん、よく聞いて。baby が bode に聞こえますか？」と言いたくなってしまいました！

（音）bother　　　（正）brother

「r」の音が聞き取れなかったのが、そのままつづりに表れていますね。

（音）bodol　　　　（正）bottle

bottle の「t」の音は「d」の音に変化するので、音声的には正しいのですが、つづりは間違えやすいところです。

1年生クラスの授業風景。

頻繁に使われる単語（high frequency words）は、いつでも確認できるようにワード・ウォールとして教室の壁に貼られている。

1年生のサイトワード

after	again	an	any
as	ask	by	could
every	fly	from	give
giving	had	has	her
him	his	how	just
know	let	live	may
of	old	once	open
over	put	round	some
stop	take	thank	them
then	think	walk	were
when			

2年生のライティングの授業で求められている水準

Main Idea（メイン・アイデア）
☐ 他の人が読んだとき、意味がきちんと通っている
☐ 言いたいこと、メイン・アイデアを統一している

Support（メイン・アイデアをサポートする描写）
☐ 全文を通じて、メイン・アイデアを支えるための描写がある
☐ 全文を通じて、メイン・アイデアを支える描写をより効果的にする形容詞、表現を使っている

Organization（全体の構成）
☐ 各パラグラフを書くにあたって、ビジュアル・オーガナイザーを使って下書きをする
☐ パラグラフがうまくつながっているかを確認、整理する

Sentence Structure（文の構成）
☐ 短い文、長い文などをうまく織り交ぜて変化をつける

Convention（大文字、小文字の使い分け、句読点など）
☐ 文のはじめは大文字で書く
☐ 場所、人の名前などの固有名詞は大文字で書く
☐ 文の終わりにはふさわしい句読点や感嘆符（. , ! ?）を使う

Spelling（つづり）
☐ 新しい単語を書くときには、スペリングのルールやパターン（ay、ar、ow、thなど）に従う
☐ 日ごろ頻繁に使われている high frequency words は正しくつづる
☐ ワード・ウォール（壁に貼ってある単語リスト）や辞書などのリソースを使う

Presentation　（書いたものを視覚的にプレゼンテーション）

- ☐ 人にも自分にも読みやすいように、きちんと書く
- ☐ アルファベットを正確に書く（bとdなどを混同しないように）
- ☐ 文章のはじめは1字分字下げする
- ☐ 単語と単語の間にはスペースを置く
- ☐ 新しいパラグラフを書きはじめるときには、1、2行スペースを空ける

2年生	**単語のスペリングに気をつける**

【参観報告】ブラブソン先生の2年生クラス

　私がブラブソン先生の2年生クラスを訪れたとき、リーディングのみを専門に教える先生が、*Bears, Bears, and More Bears*（Jackie Morris作）という本をクラス全員に読み聞かせしていました。その前の理科の時間で、ブラブソン先生がクマについて教えていたので、リーディングの先生がクマについてのいろいろなノンフィクションの本を読んであげることにしたようです。理科の授業ながらも、同時にリーディングを学んでしまおうということです。*Bears, Bears, and More Bears* は1ページに1、2行ほどの文章しかないやさしい本ですが、短いお話の中にもクマに関する記述がたくさん盛り込まれています。コアラやパンダもクマの仲間だとわかる本です。

　ブラブソン先生は、今まで習ったクマについての知識について書くように生徒たちに言いました。

Bears, Bears, and More Bears

　　先生：メイン・アイデアは何かな？
　　生徒：クマについて。
　　先生：作り話は何と言いますか？
　　生徒：フィクション！
　　先生：今日書くのは？
　　生徒：ノンフィクション！　本当の話。
　　先生：minimum（最低）4つの情報を書いてください。
　　生徒：先生、minimumってどういう意味ですか？

先生：4つ以上の情報を書いていいかな？
生徒：いい！

　先生は生徒の答えを引き出す質問をします。ちなみに minimum は以前に習っている単語です。先生とやりとりを交わしているうちに、子どもたちも minimum の意味を思い出したようです。

先生：つづりがわからなかったら、ツールを使い
　　　ましょう。どんなツールを使うのかな？
生徒：ポケット・フォルダー※の単語！
先生：書きはじめるときに大切なことは？
生徒：インデント！

Lesson ▶ Pocket Folder（ポケット・フォルダー）

ポケットフォルダーとは、今まで習った単語のリストをそれぞれの生徒のフォルダーにいれてファイルにとじて保存しておくシステムです。フォルダーには生徒の名前が書かれています。

　単語がフォルダーにない場合は、
(1) 声に出してみる（sound out＝サウンド・アウトするとも言います）。
(2) 友達に静かに聞いてもよい。
(3) 教室にいる大人※に聞いてもよい。

※ニューメキシコ州のシニアプログラムの一環で、お年寄りが教室でお手伝いをするプログラムがあります。ボランティアではなく、週に約 20 時間ほどを最低賃金で働き、給食も支給されます。子どもに本を読んであげたり、楽しそうです。このクラスには、ルースというおばあさんがいました。つづりのわからない単語があったら、ルースか先生、もしくは訪問者である私（リーパー）に聞いてもいいのよ、と先生が生徒たちに言っていました。

といういずれかの方法で解決します。

　文章を始める最初の単語の前は、インデントといってスペースに余裕を持たせます。生徒たちは人さし指でスペースを取りながら、文字を書いていきます。

　　　　先生：クマは、salmon を食べますね。
　　　　生徒：salmon？　salmon は書けないよ。
　　　　先生：この単語でむずかしいのは、発音しない l（エル）
　　　　　　　が真ん中に入っていることね。

　クマではなくコアラについて書く生徒や、Bears と b を大文字で書く生徒、「grizzly bear のつづりがわからないから、教えて」と私に聞く生徒もいました。実は私も正確なつづりを知らず、子どもたちと一緒にサウンド・アウト（＝声に出す）してみましたが、結局辞書で調べて確かめました。ブラブソン先生によると、なかなかライティングの授業の時間を持つことがむずかしいので、理科や社会科の時間の中に「書き方」の授業時間を取り入れるようにしているそうです。この日書いた作文は、ブラブソン先生が家で目を通してから生徒たち各自に返却し、エディティング（詳しくは *p.*88 参照）をさせるのだそうです。

　さて、この日の授業は 4 スクエアを使った作文ではありませんでした。理科のおさらいの作文です。カリキュラム上、リーディングは 1 日に 1 時間半を割り当てなければならないし、算数の授業に週 4 時間半の時間を費やさなければならないので、時間に余裕はありません。そのため、文法はリーディングの時間に盛り込んでしまうのだそうです。先生も「時間がない」とこぼしていました。

「読むこと」と「書くこと」はとても大事な要素なので、このように機会さえあれば国語の時間だけではなく、ときには理科や算数の時間にも取り入れていくことを心がけているそうです。

ちなみに、この学校では州の予算削減により、なんと文法の本の購入予算がカットされてしまいました。それでも、文法の指導要領に従って、現在形・過去形やフォニックスのスペリングパターンなどを教えるのだそうです。（下の左の写真にあるのがポケット・フォルダーです）

ポケット・フォルダーで単語をチェックしながら書いています。

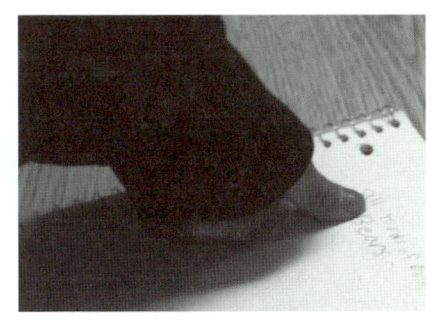

人さし指を使ってインデントをしているところ。

この後、ランチの時間になったので、私の昔の同僚であるマイネズ先生、ベルゾーサ先生というふたりの先生と一緒に、生徒が書いた文章を見ながら講評をしてみました。

マイネズ先生の指摘「2年生になるとdetailを書くようになる」

My dad is paleontologist, and he looks at fossils.
（ぼくのお父さんは古生物学者で、化石を見るよ）

もし、生徒の文章がMy dad is paleontologist. で終わっていたなら、

これは 1 年生の文章だそうです。2 年生になると、さらに detail（くわしい描写）まで書くことが必要とされるようになるからです。

ベルゾーサ先生に書いてもらったお手本

I like the plane. I like to fly. It is high. The clouds are nice.（ぼくは飛行機が好きだ。飛ぶのが好き。高いんだ。雲はいい）

リーディングが専門のベルゾーサ先生によると、この文章は間違ってはいないそうです。しかし、「なぜ好きなのか」という描写の detail がないとのこと。そこで、ベルゾーサ先生が detail のある文章をサンプルとして書いてくれました。

I like to see the plane in the sky. Planes can fly in the sky. When planes fly high, they can fly in the clouds and zoom away.
（ぼくは空の飛行機を見るのが好きだ。飛行機は空を飛べる。飛行機が空高く飛んだら、雲のずっと上だって飛べるんだ）

最初の文とベルゾーサ先生の文をくらべてみると、はじめのほうは 1 文ずつプツンプツンと切れていて読みにくいですが、先生が書いたお手本は、なぜ飛行機が好きかの理由＝ detail が詳しく書かれています。リズム的にも読みやすい、なめらかな文になりました。

絵本と 4 スクエアを使った書き方の練習

数日後、日を改めてふたたびブラブソン先生のクラス参観にでかけました。この日は、*If You Give a Mouse a Cookie*（Laura Numeroff 作）という絵本を使った「書き方」の授業です。これは、私が「この絵本を使ってはどうか」と持ち込んでみた企画だったので、私も先生のひとりとして

授業に参加させてもらいました。私が本を読みはじめようとすると、「幼稚園のときに読んだよ」という生徒や、「スペイン語版の同じ本をクラスの図書コーナーから出してきて、一緒に読むんだ」という生徒もいて、自分の好きなことを自由にさせながら生徒の才能を伸ばすという、クラス担任のブラブソン先生の教育方針が出ているのが感じられました。

If You Give A Mouse A Cookie

　私はまず全体の絵を見せながら、これから始まる物語を推測させていきたかったのですが、みんな「うんうん、知ってる知ってる」とニコニコ。この話が好きなのかな。イラストも明るくカラフルな本です。2 年生になっても、まだまだ愛着がある本のようです。この本の特徴は、ネズミにクッキーをあげたら、そのはじめの出来事がまわりまわって、最後の結末では、ふたたびネズミはクッキーを欲しがるでしょうね、とタイトルに戻るという、同じ展開を繰り返すように作られた物語です。

　余談ですが、ブラブソン先生のアシスタントを任されている地域のおばあさん、ルースが、4 スクエアの項目が書ける紙をすぐ使えるように、生徒たちに用意しておいてくれました。「グランマ〜」とすっかり生徒に好かれているルースは、年齢は 80 歳くらいでしょうか。高齢

グランマ・ルースが生徒のライティングを見守る。

なのであまり無理はできませんが、生徒たちに家庭的な安らぎ、安心感を与えていました。これも、この地域の親が共働きで愛情を受ける機会が比

較的少ないというこの州独自の事情に鑑みた州の配慮であり、どこの地域でも行っているというわけではありません。ブラブソン先生は、書き終えた後にやるべきこととして、生徒たちに次のような手順を教えました。

自分でエディティング（self-editing）

　書き終えたら、完成した文章を自分でもう一度読み返してみて、誰にでも理解できるように書けているか、文章に流れがあるか、タイトルや冒頭の字下げといった細かいルールを守れているかなどをチェックします。つづりがわからないときは、音節ごとに分けてみたり、辞書を引いたり、教室にいるルースや訪問者のリーパー（著者）などの大人に聞きます。

生徒同士で作品をエディティング（peer editing）

　生徒同士で他の生徒の作品をチェックします。

先生のエディティング（teacher editing）

　先生のエディティングが終わると、チェックされた個所を先生と話し合い、修正して清書します。

　先生がどれだけ指摘をしても、やはり生徒たちはいくつか間違えてしまいます。文のはじめを大文字でなく小文字にしてしまっていたり、文の最後のピリオドのつけ忘れ、スペルミス、冒頭の字下げ忘れといった間違いがあります。ブラブソン先生は、四角の文をひとつにまとめるときには、文を結ぶ接続詞を入れると文章のつながりがよくなると強調していました。

　また、ノートに文章を書くとき、2年生の間は読みやすいように1行ごとに行を飛ばして書いているけれど、3年生になると、ほとんど行を飛ばさずにびっしりと書くようになっていくそうです。

　その他、ふたつのパラグラフを結ぶ接続詞は then で結ぶことが多いこ

と、説明するときは because を使うこと、最後の文は at last ではじめるとよいことなど、は基本的なことを教えていました。接続詞でつなげて説明を加えるだけで、文章が格段にはっきりと伝わりやすくなります。すべて基本ですが、私も「なるほどね」と改めて感心してしまいました。

> 接続詞の例
> first of all / second / because / then, and / at the end / as a conclusion / so / but / wherever / after / since / as far as...

生徒の作品サンプル

さて、少し前置きが長くなりました。ここからは、絵本のタイトルである、*If You Give a Mouse a Cookie* という文の構造を応用して書いた、生徒の作品をふたつ紹介します。

Alex ちゃんのサンプル

If you Give a Cow Spaghetti

If you give a cow spaghetti, she will want more and she would like a Powerade to drink. After（← After の後にカンマが必要です）she wants to take a nap, and（← and は不要です）she wants a story to read. Then, she wants to take a bath but she makes a mess! At last she thinks about spaghetti because spaghetti is messy too.

アレックスちゃんの作品。昼寝をしているウシとスパゲッティが描かれています。

■ Karely ちゃんのサンプル

If You Give a Kid a Candy

If you give a kid a candy（← candy の後にカンマが必要です）he will go bananas! When he's finished he will ask for another. Then he will ask for water because the candy was to（←正しくは too です）salty! Then（← then の後にカンマが必要です）he will look at the wrapper. It will remind him of the candy. Chances are... he will ask you for one more candy.

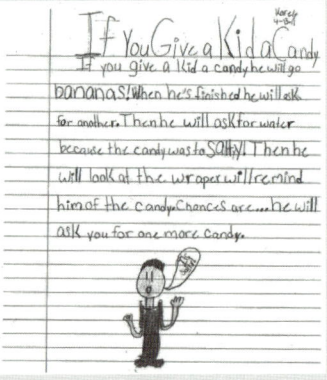

Bananas! という独自の表現が文章に個性をもたせています。

Alex ちゃんのサンプル訳

『ウシにスパゲッティをあげたら』
ウシにスパゲッティをあげたら、もっともっと欲しがるだろうなあ。そしてパワーエイド（清涼飲料水の名前）を欲しがるだろうなあ。お昼寝をしたら、今度は本を読んで欲しいと言うだろうなあ。その後にお風呂に入りたくなって、そこらじゅうをびちゃびちゃにしてしまうだろうなあ。そして最後にスパゲッティのことを思い出すだろうなあ。だって、スパゲッティもきたなく散らかっているから。

Karely ちゃんのサンプル訳

『子どもにキャンディをあげたら』
子どもにキャンディをあげたら、キャッキャと喜ぶだろうな。その後、食べ終わったらもうひとつちょうだいと言うかな。食べ終わったら水が欲しいと言うだろうな。だってキャンディはあまりにしょっぱすぎたんだもの。そしてキャンディの包み紙を見るね。そしたら、またキャンディを思い出し、そうなるとたぶん、もうひとつキャンディを欲しがるだろうな。

ブラブソン先生は、Karely ちゃんが最近読んだ本で覚えた bananas（きゃきゃとおおげさに喜ぶ様子）という表現を大きく書いて強調していることを大変ほめていました。Chances are... のところで余韻を持たせたところがしゃれていたので、私は「いいですね」と Karely ちゃんに言いました。

　少々の間違いがあっても、*If You Give a Mouse a Cookie* の持つユーモアをみんなよく理解しているようで、楽しそうでした。生徒たちも競い合うようにみんなの前で読みたがったり、自分のイラストを披露したりと、和やかな「書き方」の授業となりました。

２年生のアレックスちゃんが自分の作品を読んでプレゼンテーション。

2年生のサイトワード

always	around	because	been
before	best	both	buy
call	cold	does	don't
fast	first	five	found
gave	goes	green	its
made	many	off	or
pull	read	right	sing
sit	sleep	tell	their
these	those	upon	us
use	very	wash	which
why	wish	work	would
write	your		

3年生のライティングの授業で求められている水準

Main Idea（メイン・アイデア）
☐ 全体を通してメイン・アイデアをはっきりと出すことを心がける
☐ 各パラグラフにメイン・アイデアを説明する文がある

Support（メイン・アイデアをサポートする描写）
☐ 全体にメイン・アイデアを支えるための描写（details）を忘れない
☐ 全体の意味をよりはっきりさせるための描写の表現、形容詞を使用する

Voice（自分の声／意見）
☐ 自分の voice（主張、言いたいこと、意見）、個性をはっきりと読者に伝えるように書く

Organization（全体の構成）
☐ ウェッブ、エディティング・チェックリストなどを効果的に使う
☐ ふたつのパラグラフがある
☐ 作品に、はじめ（beginning）、真ん中（middle）、終わり（ending）がある

Sentence Structure and Fluency
（文の構成とその流れがスムーズであること）
☐ 文が明確である

Convention（大文字、小文字の使い方、句読点など）
☐ 大文字の使い方（場所の名前、人名、曜日、文の出だしなど）に気をつける
☐ 句読点や感嘆符（ . , ! ?）を正しく使う

Spelling（つづり）
- [ ] 日常的に頻繁に使われる high frequency words は正しくつづる
- [ ] 新しい単語を書くときには、スペリングのルール、パターン（ay、ar、ow、th など）に従う

Presentation（プレゼンテーション）
- [ ] 誰でも読めるようにきちんと書く
- [ ] 単語と単語の間、次の文に移るときのスペースに気をつける
- [ ] パラグラフのはじめの語は字下げする

3年生　ウェッブを活用して文章を書く
【参観報告】マー先生の3年生クラス

　マー先生の3年生のクラスでは、社会科の歴史の時間にも「書く」ことを取り入れています。まず、クラスのみんなでブレーンストーミングをして歴史の勉強をしながら、ウェッブを使ってゴールドラッシュ時代の生活様式を復習します。

　　先生：1849年、カリフォルニアでは何が起こりましたか？
　　　　　なぜみんなカリフォルニアに押しかけたのですか？
　　生徒：ゴールドラッシュ！
　　先生：フットボールの 49ers（フォーティナイナーズ）[※]の
　　　　　名前の由来は？
　　生徒：ゴールドラッシュから。

　　※ 49ers：1849年、金を求めてカリフォルニアに殺到した人々。

先生がうまく質問をして子どもたちの答えを引き出し、出てきた答えをウェブの形式で黒板に書いていきます。真ん中にメイン・アイデアである gold rush を書き、いくつかのテーマにリンクさせて、それぞれのリンクについて思いついたことを書き足していくのがウェッブです。

黒板に書き込まれたウェブのイメージ

- baked pie in a skillet on a wood stove
（まきを使ってストーブにフライパンをのせて、パイを焼いた）

cooking — gold rush — fun

traveling
- by foot
- on a horse or clipper
（歩くか、早馬で）

fun
- climbing trees
- stick ball
（木登り、棒でボールを打つ野球の前身の遊び）

　黒板のウェブが完成したら、次はひとりずつ United States Today（今日のアメリカ）をメイン・アイデアにしてウェブを作っていきます。アリーシャちゃんのノートをのぞいてみましょう。

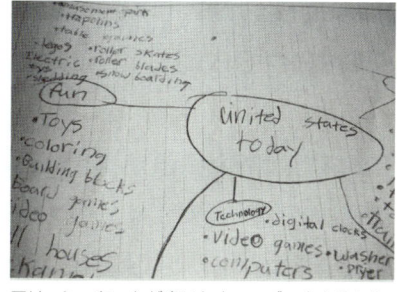

アリーシャちゃんが書いたウェッブ。中央の大きな円がメイン・アイデアです。

　作成したウェブを参考にしながら、ゴールドラッシュ時代と現代の生活を比較したレポートを書きはじめます。昔の料理や旅行、遊びはこうであったというパラグラフから、現在のテクノロジーや楽しみ、旅行などを記すふたつのパラグラフを作成します。そして最後に昔の方がよいか、現在の生活の方がよいか、それはなぜかなど、自分の意見を入れた結論を書くことが大事なのだとマー先生は説明していました。ここで、「ウェブの続きは自分で書き足しなさい、宿題ですよ」と先生が言って、授業が終了しました。

そこで、2週間後にマー先生のクラスのアリーシャちゃんにインタビューをすることにしました。彼女がウェブをどのように完成させて文章を書きはじめたのかを聞いてみたかったのです。

fun → recess（休み時間）→ basketball → PE time（体育）→ football → school closing due to snow（雪による学級閉鎖）

technology → computer → iPhone → iPad → Nintendo DS → e-mail → movies

travel → car → airplane → train → hot air balloon（熱気球）

　アリーシャちゃんは、fun、technology、travelのリストから3〜4つを選んで文章を書きはじめたそうです。「アマンダは、ゴールドラッシュで忙しい男性たちのためにパイを作って売り、パイのお店を開いて成功したの。そして家族を支えるのよ。ビジネスウーマンのはしりになったの。私、本を読むことがだいすき」とアリーシャちゃんはいろいろなことをはきはきと説明してくれました。

　レポートの決まりとして、英語（国語）の教科書に載っているお話 *Boom Town*（Sonia Levitin著）の主人公であるアマンダに、現在の生活を手紙で話してあげるという設定をマー先生から与えられています。

　次の文章は、アリーシャちゃんがアマンダに宛てた手紙です。

インタビューに応じてくれたアリーシャちゃん。

英語の教科書に載っている*Boom Town*。主人公・アマンダの家族がゴールドラッシュの時代に金を求め、カリフォルニアに引っ越してくるお話。

小学校のライティング授業の参観記録 第3章

■ アリーシャちゃんの文章

Dear Amanda,

　My name is Elisha. The United States is very different than it was in 1849. We have new technology that makes life easier and really fun. We travel many ways, for example I go to school in a car every day. We have electronic toys like robots and remote controlled cars. <u>Amanda</u>[※1] now we have <u>roller costers</u>[※2] and amusement parks. If they had these things back then I bet you would be happy. Another thing that we have is electronics like washers, dryers, gas stoves and <u>electric stoves</u>[※3] A washer is something that you use to wash your clothes. A dryer is something you use to dry your clothes. A dryer blows hot air out of the holes on the inside of it. <u>A electric</u>[※4] <u>stove</u>[※3] spins to heat the food and cook it.

※1〜4は間違いを示しています。詳しくは次ページを参照してください。

アマンダへ
　私の名前はアリーシャ。現在のアメリカは、1849年にくらべるとずいぶん違っているの。生活がずっと便利になって楽しくなったのは、テクノロジーのおかげなのよ。旅をするのにもいろいろな方法があって、例えば、学校には毎日車で行くの。ロボットやリモコンのような電気じかけのおもちゃもあるのよ。それにねアマンダ、ローラーコースターや遊園地もあるの。もしこういうのがあなたたちの時代にもあったら、あなただってとても楽しんだんじゃないかな。他には、洗濯機、乾燥機、ガスや電気の台所の料理用ストーブだってあるのよ。洗濯機っていうのは、洋服を洗うためのもので、ドライヤーは洋服を乾かすためのものなの。髪用のドライヤーは穴の中から出てくる熱い空気で髪を乾かすのよ。電気の料理用ストーブが熱くなって、料理を作るの。

ちなみに、アリーシャちゃんの書いたこの文には、間違いが4つあります。

※1　Amanda → Amanda,
　　　Amandaへの呼びかけなので、後ろにカンマを入れるべきです。

※2　costers → coaster
　　　スペルが違っています。また、特定のローラーコースターを指しているわけではないので、複数形にもなりません。

※3　electric stoves → gas stove
　　　正しくは gas stove と言います。

※4　a electric → an electric
　　　electric は母音ではじまるので、a ではなく an となります。

ただ、これだけ書ければ大したものです。文章自体はあまり長くないですが、アリーシャちゃんの言いたいことがきちんと書かれています。例えば、

(1) 開拓期に比べると文明が発達している、と一文で説明しています。

(2) (1)の具体例をあげています。学校にはスクールバスで行くなど交通について説明しています。

(3) 現在のおもちゃの例をあげています。

(4) 洗濯機、ドライヤーなどの電化製品について説明しています。ただ、洗濯機やドライヤーは electronics とは言わないようです。

3年生にもなると、つづり、句読点、文の構成がかなり整理され、一人前の書き手になってきているのがわかるかと思います。

3年生のサイトワード

about	better	bring	carry
clean	cut	done	draw
drink	eight	fall	far
full	got	grow	hold
hot	hurt	if	keep
kind	laugh	light	long
much	myself	never	only
own	pick	seven	shall
show	six	small	start
ten	today	together	try
warm			

小学校3年生で教わる程度の英語力があればアメリカでも通用する

　幼稚園から3年生までの教室を参観してつくづく感じたことは、しっかり勉強して（ここが大切なのですが）、アメリカ社会で要求されている3年生程度の読み書きの能力がついていれば、他国から移住してきた人でも就職できるということです。

　例えば、あなたが日本からニューヨークに派遣されてきた会社員だとします。職業にもよりますが、商社の営業部に所属していると仮定しましょう。アメリカ社会で営業職に必要とされる読み書きの英語とは、どの程度のものでしょうか。

- □ パソコンのウェブサイトが読める
- □ アメリカ人、あるいは他国のお客さんにメールを送れる
- □ ビジネスレターが書ける
- □ 同僚にちょっとしたメモを書いてコミュニケーションが取れる

そして、これらの能力に加えて文を書くときに、

- □ 4スクエアで整理し、個条書きにする
- □ 各パラグラフのはじめを接続詞※でつなげる
- □ 句読点や感嘆詞（！／？／'／""）をうまく使う
- □ 「これだけは言いたい」という自分のvoice（声、意見）を書く
- □ 主語を忘れずに書く

と言ったスキルが求められます。これらのことをきちんとマスターしていれば、日常的に使うメールやビジネスレターのやりとりは難なくこなせるでしょう。

> ※接続詞の例
> first of all / second / because / then, and / at the end / as a conclusion / so / but / Wherever / after / since / as far as...as 〜

　私が働いていたDG校には、親のためのアダルト・エデュケーション（成人教育）のクラスが設置されています。高校を卒業せずに働いてきた親を対象とした授業で、高校卒業の資格を取らせるクラスもあります。以前、5年前にメキシコからやってきた親が、そのクラスで英語の読み書きの勉強をしているのを見たことがあります。私はそれを見て、「英語がつたなくて

もある程度の仕事にはつけるのね」と思ったのです。彼は消防士ではないのですが、内勤として消防署内で働いているそうで、「健康保険が消防署から出るんだよ」と大変誇らしげに語ってくれました。今のアメリカで健康保険が出る職場で働いているということは、大変すばらしいことなのです。消防署で働いているといえど、事務的な作業も当然あります。それはつまり、メールを読んで返信したり、メモを書いたりといった「読み書きをしなければならない場面がある」ということです。

　日本語でもそうですが、句読点や接続詞を適切に使う、なるべくやさしい表現を使うようにするなどのごく基本的なことに気をつけていると、わかりやすい文章が書けますね。それをうまくつなげてくれるのが、4スクエアなのです。

4年生のライティングの授業で求められている水準

Main Idea（メイン・アイデア）
☐ 全体を通じてメイン・アイデアをはっきりと出すことを心がける
☐ 各パラグラフに、メイン・アイデアを説明する文が入っている
☐ 結末がメイン・アイデアに結びついている

Support（メイン・アイデアをサポートする描写）
☐ 全体を通じて Main Idea を支えるために効果的な例題（examples）／描写（details）が含まれている
☐ 全体の意味をより効果的に描写するための単語を選択しながら書く

Voice（自分の声／意見）
☐ 自分の voice（主張、意見）を読み手がイメージできるように書く

Organization（全体の構成）
☐ 自分が書いている作品にタイトルがある
☐ ウェッブ、エディティング・チェックリストなどを効果的に使う
☐ 3つのパラグラフがあり、はじめ（beginning）、真ん中（middle）、終わり（ending）の構成ができている
☐ パラグラフが変わるときには、for example、also、additionally などの話題の変化を伝える接続詞を使う

Sentence Structure（文の構成）
☐ 文は明確で、句読点などが正確に使われており、長短のバラエティに富んだ文で構成されている

Convention（大文字、小文字の使い方、句読点など）
☐ 大文字の使い方（場所の名前や人名、曜日、文の出だしなど）に気をつける
☐ 句読点や感嘆符（ . , ! ?）を正しく使う

Spelling（つづり）
☐ 日ごろ頻繁に使われている high frequency words は正しくつづる
☐ 新しい単語を書くときには、スペリングのルール、パターン（ay、ar、ow、th など）に従って正しくつづる

Presentation（プレゼンテーション）
☐ 誰が読んでも読めるようにきちんと書く
☐ パラグラフの1行目は字下げをする（インデント）

インバーテッド・トライアングルで内容を深める

4年生

【参観報告】4年生の作品例

　4年生からは、一般的なメールやビジネスレターよりもさらにむずかしい、論文やレポートを書く練習をはじめます。テーマを決め、広義なことから言いたいことを徐々に絞っていき、そのための説明を書いていく「構成力」を学ぶことになります。また、3年生までの文章からさらに発展し、パラグラフを3つ作り、それぞれの文に長短の変化をつけることで、文章全体に「深み」を持たせることも求められてくるのです。

　そこで、インバーテッド・トライアングルというメソッドが登場します。インバーテッド・トライアングルは、*p.*60で少しふれたように、ジャーナリズムの世界で新聞記者が「いつ、どこで、何が起こったのか」を正確に伝えるためのメソッドとして使われたのがはじまりとされています。

　残念ながら4年生のクラスを参観する機会には恵まれなかったのですが、実際に4年生のカルロス君がインバーテッド・トライアングルを使って書いた作品を見ながら、その手順を説明していきます。「私の好きな祝日」というテーマの作文で、カルロス君はハロウィンについて書いています。

タイトルが上に大きな文字で書かれ、全体的にかなりきれいな字でしっかりと書かれているのがわかります。

■ テーマ ………▶	**My Favorite Holiday**
■ パラグラフ１： 導入 ………▶ （テーマの前説明、イントロダクション）	All the holidays are so wonderful! People have all sorts of reasons for picking a favorite reasons for a favorite holidays. July 4 is Independence Day, Halloween is scary, Thanksgiving is thankful, and Christmas is Jesus birthday. <u>My favorite holiday is Halloween because I like to decorate my house, go to haunted houses and dress up, especially getting candy.</u>
自分の主張 （最も言いたいこと） ………▶	
■ パラグラフ２： 説明① ………▶ （イントロダクションで書いたことについて説明）	The first reason I like Halloween is because I like decorating my house. The decoration I put up is scary. They have a lot of colors like orange, black and blue. I decorate my house with pumpkins, skeletons, and lights. Kids love our decoration. Kids give us comments. I think they are cool too. Even though it is scary, I will get to decorate my house.
■ パラグラフ３： 説明② ………▶ （イントロダクションで書いたことについて説明）	The second reason I like Halloween is because I like getting candy. The kinds of candy I get are Musketeers, Reese's, and M&Ms. The places I get my candy from are my grandma, uncles, and aunts house. The kinds of candy I like are Hershey's, Gummy Worms, and Sour Patch Kids. I like all sorts of candy because it is sweet and tasty.

The third reason I like Halloween is because I like going to haunted houses. The scary things I like to be are Jokers, Jesters, and Skeletons. Haunted houses are scary some are not. They are still cool. Some haunted houses have clowns, zombies and ghosts for decorations. Even though they are scary, they are not real.

■ パラグラフ４：
説明③
（イントロダクションで書いたことについて説明）

　Halloween is my favorite holiday for many reasons. My favorite thing to do is to decorate. I love going to haunted houses and dress up, I like to go to haunted houses to get candy. Halloween has always been my favorite holiday. There are many reasons one can find to choose a favorite holiday. All the holidays are so wonderful.

■ パラグラフ５：
結論

※実際の作品のため、文法的に間違っている個所があります。

> 祝日はどれも最高です！　みんなそれぞれお気に入りの祝日があります。7月4日は独立記念日、ハロウィンは怖い日、感謝祭は感謝をする日、そしてクリスマスはキリストの誕生日です。ぼくの好きな祝日はハロウィンです。だって家を飾りつけたり、お化け屋敷に行ったり、仮装するのも好きだし、何よりもいいのはキャンディがもらえることです。
>
> 　ハロウィンが好きな1番目の理由は、ぼくの家を飾り立てるのが好きだからです。飾りつけは怖〜くします。ハロウィンの色と言えば、オレンジや黒、青でしょう。ぼくはカボチャやガイコツ、明かりを使って飾りつけます。友だちもうちの飾りつけが大好きです。みんなほめてくれます。ぼくもクールだと思います。怖いけど、家を飾らなくちゃ。
>
> 　ハロウィンが好きな2番目の理由は、キャンディがもらえるからです。よくもらうのは、マスケティア、リース、M&Mです。どこでもらえるかというと、おばあさんやおじさん、おばさんの家で、です。好きなキャンディは、ハーシーズのチョコレート、ミミズの形をしたグミ、いろいろなすっぱいキャンディが入ったサワー・パッチ・キッドです。でも、甘くておいしいキャンディならどれでも好きです。
>
> 　ハロウィンが好きな3番目の理由は、お化け屋敷に行くのが好きだからです。ぼくが好きな怖いものは、ジョーカー、道化師、ガイコツです。お化け屋敷は、怖いのもあれば、それほどでもないものもあったりいろいろあるけれど、カッコいいことに変わりありません。お化け屋敷には、装飾にピエロやゾンビ、お化けを飾るところもあります。怖いけれど、現実には存在しないものです。
>
> 　ハロウィンがぼくのお気に入りの祝日だという理由はたくさんあります。まず、飾りつけをするのが好きです。仮装してお化け屋敷に行くのも好きだし、キャンディをもらいに行くのも好きです。ハロウィンはずっとぼくの大好きな祝日です。お気に入りの祝日を選ぶ理由はいろいろあるでしょう。休日はどれもすばらしいです。

　いかがでしょうか。小学校4年生になると、このようにかなり長く、構成がしっかりとした文章が書けるようになります。構成としては、このような5つのパラグラフが基本のスタイルです。もちろん、文章を書く前の段階できちんとしたステップを踏まえつつ、これから書くことを整理しておく必要があるのはこれまでと変わりありません。これまでは4スクエアだけで整理してきましたが、ここからは三角形を使ってより具体的に整理していきます。カルロス君は、この文章を書くために、次のようなふたつの三角形の図を使って書く内容をあらかじめ整理していました。

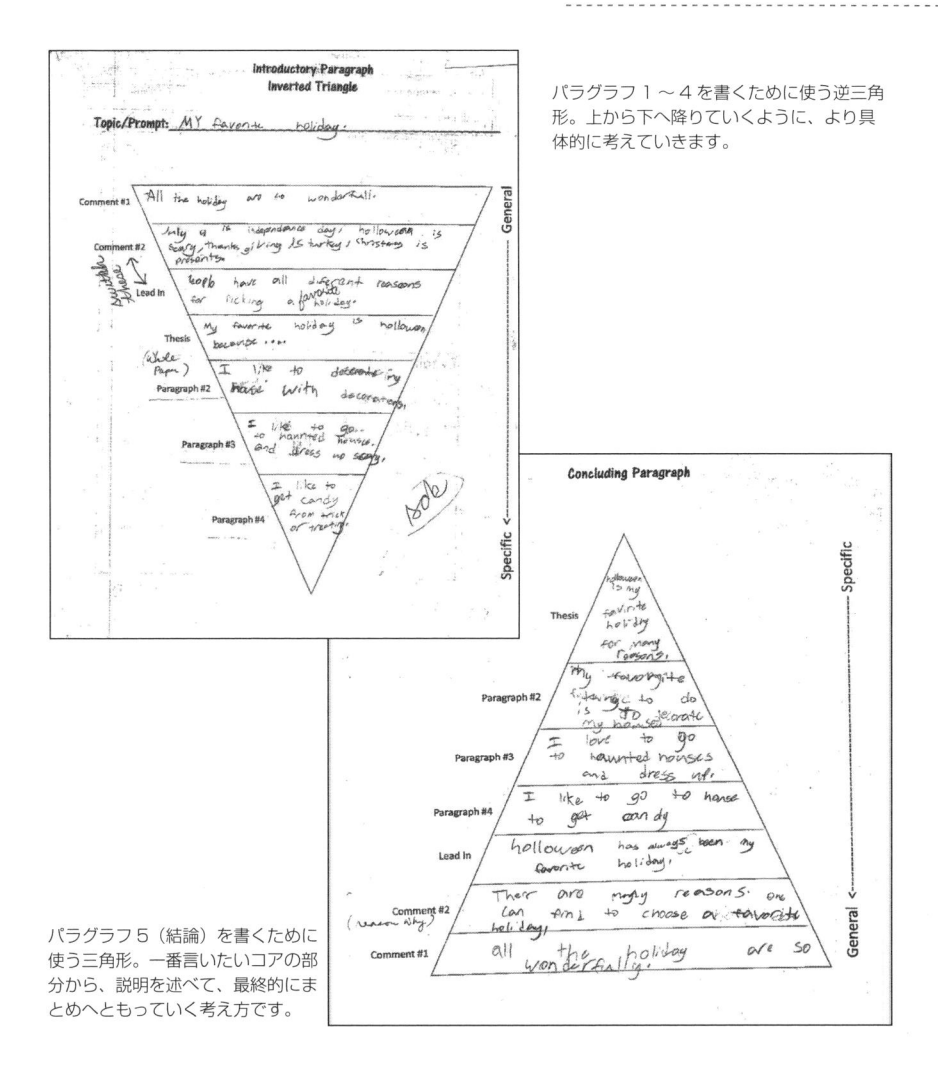

小学校のライティング授業の参観記録 第3章

パラグラフ1〜4を書くために使う逆三角形。上から下へ降りていくように、より具体的に考えていきます。

パラグラフ5（結論）を書くために使う三角形。一番言いたいコアの部分から、説明を述べて、最終的にまとめへともっていく考え方です。

　最初は漠然と書きたいことのイメージを決めておき、次第に具体的にしていくための三角形と逆三角形です。

　しかしこれだとよくわかりませんね。左の逆三角形から順にご説明します。日本語にしてみると、次のような構造になっています。

107

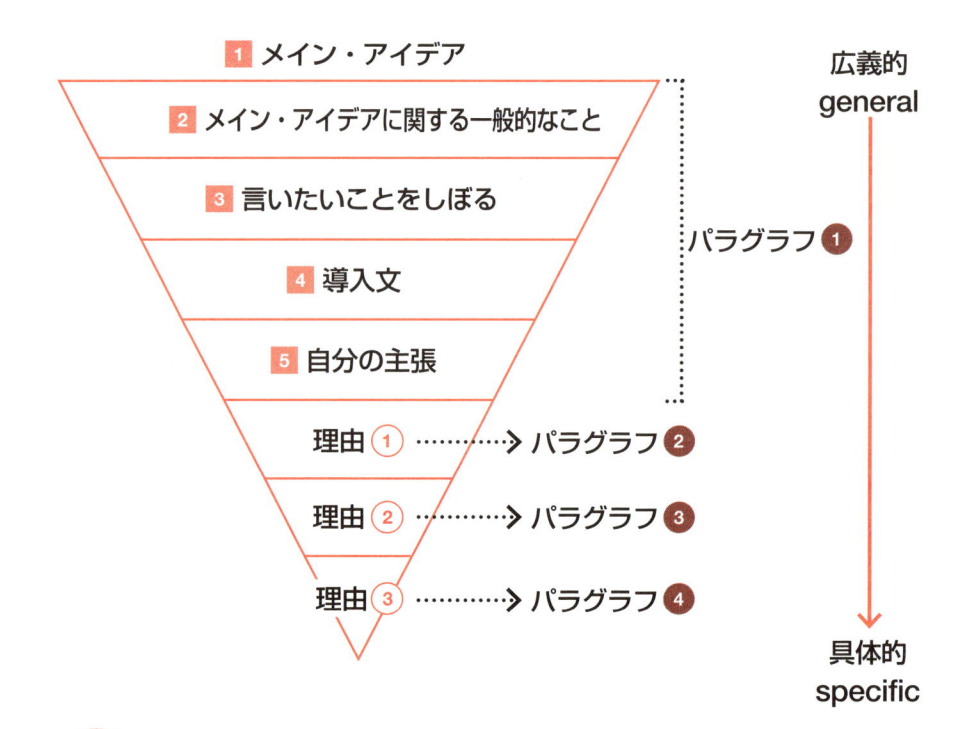

```
         1 メイン・アイデア                     広義的
    ┌─────────────────────────┐              general
     2 メイン・アイデアに関する一般的なこと
    ├─────────────────────────┤
      3 言いたいことをしぼる              ╎
    ├─────────────────────────┤     パラグラフ ❶
         4 導入文                     ╎
    ├─────────────────────────┤
         5 自分の主張
    ├─────────────────────────┤
         理由 ① ………▶ パラグラフ ❷
      ├───────────────────┤
         理由 ② ………▶ パラグラフ ❸
        ├─────────────────┤
         理由 ③ ………▶ パラグラフ ❹
                                      具体的
                                      specific
```

1. パラグラフ１（紹介文）を書くためのステップ

逆三角形の上から４つまでの 2 〜 5 の枠を使って、パラグラフ１（紹介文）を書くために考えを整理していきます。

1 メイン・アイデア

逆三角形の中身を考える前に、1 に決めたメイン・アイデアを書いておきましょう。

My Favorite Holiday
（ぼくの好きな休日）

2 メイン・アイデアに関する一般的なこと

メイン・アイデアについて一般的に広義で言い表した文を一文で書きます。

All the holidays are so wonderful!
（祝日はどれも最高です！）

3 言いたいことをしぼる

2 で考えたことについて、何が言いたいのかを絞っていきます。

> People have all sorts of reasons for picking a favorite holiday.
>
> (どの祝日が好きかどうかの理由は人それぞれでしょう)

4 導入文

「自分の主張」に導くために焦点を定めます。

> July 4 is Independence day, Halloween is scary, Thanksgiving is thankful, Christmas is Jesus' birthday.
>
> (7月4日は独立記念日、ハロウィンは怖い日、感謝祭は感謝をする日、そしてクリスマスはキリストの誕生日です)

5 自分の主張（Thesis statement）

この文であなたが最も言いたいことを、パラグラフ１の最後に書いて締めくくります。

> My favorite holiday is Halloween because I like to decorate my house, go to haunted houses and dress up, especially getting candy.
>
> (ぼくの好きな祝日はハロウィンです。だって家を飾りつけたり、お化け屋敷に行ったり、仮装するのも好きだし、何よりもいいのはキャンディがもらえることです)

ここまで考えて、ようやくパラグラフ１（紹介文）ができました。次は、5 自分の主張を支える理由を３つ考えていきます。

理由 ①

The first reason I like Halloween is because I like decorating my house.
（ハロウィンが好きな1番目の理由は、ぼくの家を飾り立てるのが好きだからです）

理由 ②

The second reason I like Halloween is because I like getting candy.
（ハロウィンが好きな2番目の理由は、キャンディがもらえるからです）

理由 ③

The third reason I like Halloween is because I like going to haunted houses.
（ハロウィンが好きな3番目の理由は、お化け屋敷に行くのが好きだからです）

2. パラグラフ2（理由①）を書くためのステップ

理由 ①

導入部のパラグラフで書いた「ハロウィンが一番好きな祝日」であるひとつ目の理由です。4スクエアを使って、ひとつずつ丁寧にまとめていきましょう。

■ メイン・アイデア（テーマ）

I like decorating my house.
（ぼくの家を飾り立てるのが好きです）

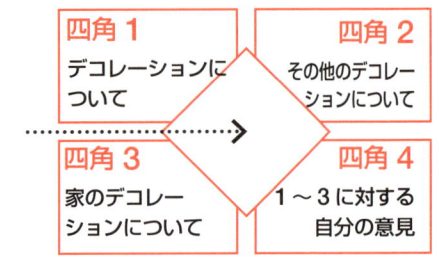

四角1 デコレーションについて	四角2 その他のデコレーションについて
四角3 家のデコレーションについて	四角4 1〜3に対する自分の意見

🟥 四角1
デコレーションについて

- The decorations are scary. （飾りつけは怖い）
- They have different colors （異なる色を持つ）
- Orange, black, and blue （オレンジ、黒、青）

🟥 四角2
その他のデコレーションについて

- I decorate with pumpkins （カボチャで飾りつけをします）
- skeletons （ガイコツ）
- lights （照明）

🟥 四角3
家のデコレーションについて

- Kids love the decoration on their own house
  （子どもは自分の家を飾りつけするのが大好きです）
- Kids give comments to us （子どもたちはコメントをくれます）
- I think decorations are cool, too. （私も飾りつけはいいと思う）

🟥 四角4
以上の四角1〜3に対する自分の意見を書きます。

- Even though it is scary, I still get to decorate my house.
  （怖いけど、家を飾らなくちゃ）

3. パラグラフ3（理由②）を書くためのステップ

理由②

　パラグラフ3でふたつ目の理由を説明します。ここでも4スクエアを使って整理しながら文章を作っていきます。

■ メイン・アイデア（テーマ）

I like getting candies.
（キャンディをもらうのが好きです）

四角1	四角2
もらえるキャンディの種類	キャンディをもらう場所
四角3	四角4
ぼくの好きなキャンディの種類	1〜3に対する自分の意見

■ 四角1

The kinds of candy I get are （もらえるキャンディの種類）

- Musketeers　（マスケティアというチョコレート）
- Reese's　（リースというチョコレート）
- M&Ms　（エムアンドエムというチョコレート）

■ 四角2

The places I get my candy is from （キャンディをもらう場所）

- My grandma's house　（おばあちゃんの家）
- My uncle's house　（おじちゃんの家）
- My aunt's house　（おばちゃんの家）

■ 四角3

The kinds of candy I like are （ぼくの好きなキャンディの種類）

- Hershey's　（ハーシーズ）
- Gummy Worms　（ミミズの形をしたグミ）
- Sour Patch Kids　（サワー・パッチ・キッド）

■ 四角4

以上の四角1〜3に対する自分の意見を書きます。

I like all sorts of candy because it is sweet and tasty.

（甘くておいしいから、ぼくはどんなキャンディも好きです）

4. パラグラフ4（理由③）を書くためのステップ

理由③

ハロウィンが好きな3つ目の理由です。パラグラフ2、3と同様に4スクエアで整理します。

■ **メイン・アイデア（テーマ）**

I like going to haunted houses.
（お化け屋敷に行くのが好きです）

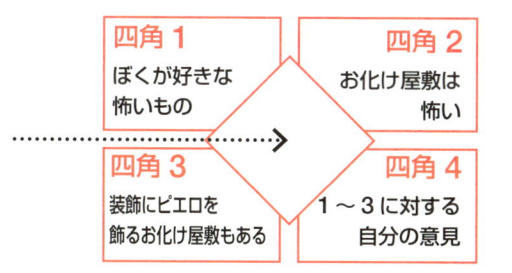

四角1 ぼくが好きな怖いもの	四角2 お化け屋敷は怖い
四角3 装飾にピエロを飾るお化け屋敷もある	四角4 1〜3に対する自分の意見

ちなみに、パラグラフが変わったはじめの文で、パラグラフをつなぐ役割を持つ接続詞を文頭に使うと、文の流れがスムーズになります。

■ **四角1**

scary things I like are （ぼくが好きな怖いもの）
- **Jokers** （ジョーカー）
- **Jesters** （道化師）
- **Skeletons** （ガイコツ）

■ **四角2**

Haunted houses are scary （お化け屋敷は怖い）
- **Some haunted houses are not scary.**
 （お化け屋敷には怖くないものもある）
- **Even though they are not scary, they are cool.**
 （怖くはないけれど、カッコいい）

■ 四角 3

Some haunted houses have clowns for decorations.
(装飾にピエロを飾るお化け屋敷もある)

- **zombies** （ゾンビや）
- **And ghosts** （怖いお化けも）

■ 四角 4

以上の四角 1 ～ 3 に対する自分の意見を書きます。

- **Even though they are scary, they are not real.**
（怖いけれど、現実には存在しないものです）

パラグラフ 2 ～ 4（理由）で使われるおもな接続詞

one example / to begin with / one reason / first / for example / because / the first reason is... / the second / the third / another reason / furthermore / in addition / besides

---

5. パラグラフ 5（結論）を書くためのステップ

　結論のパラグラフは、パラグラフ 1 ～ 4 で書いてきたことをもう一度繰り返して強調するところです。まず 1 文目で自分の考えをもう一度はっきりと述べ、その理由を 3 つ列挙します。最後に自分なりの考えをつけ加えて説得力を増し終わります。理由は基本的に 3 つ挙げることになっていますが、3 つも必要がない場合はふたつでも結構です。

パラグラフ 5（結論）で使われるおもな接続詞

last / finally / in conclusion / in the end

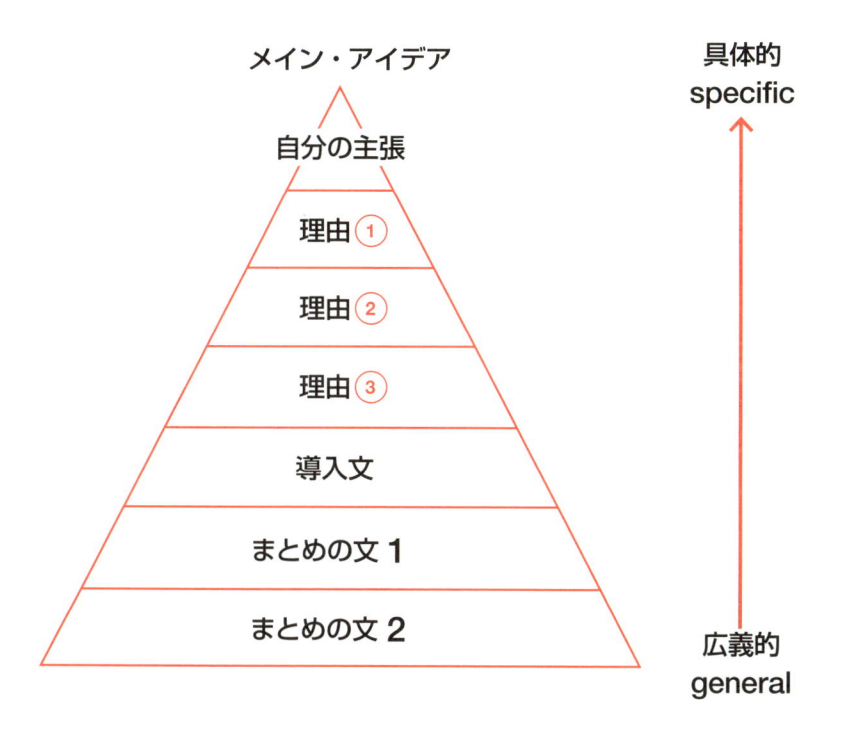

```
                メイン・アイデア              具体的
                   /\                      specific
                  /自分\                      ↑
                 /の主張\                     |
                /--------\                   |
               /  理由 ①  \                  |
              /------------\                 |
             /   理由 ②     \                |
            /----------------\               |
           /    理由 ③        \              |
          /--------------------\             |
         /      導入文           \            |
        /------------------------\           |
       /     まとめの文 1          \          |
      /----------------------------\         |
     /       まとめの文 2             \       広義的
    /--------------------------------\      general
```

■ 三角形の一番上 ………⟩ 自分の主張（thesis statement）

Halloween is my favorite holiday for many reasons.
（ハロウィンがぼくのお気に入りの祝日だという理由はたくさんあります）

■ 三角形の上から2番目 ………⟩ 理由 ①

My favorite thing to do is to decorate.
（飾りつけをするのが好きです）

■ 三角形の上から3番目 ………⟩ 理由 ②

I love going to haunted houses and dress up.
（お化け屋敷に仮装して行くのが好きです）

■ 三角形の上から4番目 ………⟩ 理由 ③

I like to go to house to get candy.
（キャンディをもらいに行くのも好きです）

■ 三角形の上から５番目 ……….→ 導入文

Halloween has always been my favorite holiday.
（ハロウィンはずっとぼくの大好きな祝日です）

■ 三角形の上から６番目 ……….→ まとめの文１

There are many reasons one can find to choose a favorite holiday.
（お気に入りの祝日を選ぶ理由はいろいろあるでしょう）

■ 三角形の上から７番目 ……….→ まとめの文２

All the holidays are so wonderful.
（休日はどれもすばらしいです）

　なお、４〜５年生のサイトワードは数が膨大なため、ここでは割愛させていただきます。詳しくは下記サイトを参照してください。
http://dolchword.com/dolch-words-fourth-grade

5年生のライティングの授業で求められている水準

Main Idea（メイン・アイデア）
- ☐ 全体を通して、メイン・アイデアをはっきりと出すことを心がける
- ☐ 各パラグラフには、メイン・アイデアを表現する文が書かれていること
- ☐ 次のパラグラフに移るときには、その流れをスムーズにする表現を盛り込む
- ☐ 新しいパラグラフにもっていく前に、それなりの結びの文が必要
- ☐ 各パラグラフの結びはメイン・アイデアに結びついていること
- ☐ 全体を通して、批判的思考（自分の考え）を入れることを心がける

Support（メイン・アイデアをサポートする描写）
- ☐ 全文を通じて、自分が書いていることを支える例をあげる
- ☐ 全文を通じて、自分の言いたいことをはっきりと伝えられる単語（vocabulary）の選択を心がける

Voice（自分の声／意見）
- ☐ 自分のvoice（主張、意見）、個性を意識して書く
- ☐ 自分の感情も表現する

Organization（全体の構成）
- ☐ 構成の段階では、ビジュアル・オーガナイザー、アウトラインを個条書きにしたカード、マインドマップを使用する
- ☐ 書いた文章をエディティング（チェック）する
- ☐ 紹介文（introduction）からはじまり、本体の文章、結論（ending）で終わる流れをふまえて構成する
- ☐ ひとつのパラグラフから次のパラグラフに移るときには、それを接続させる言葉や単語、表現を正しく使用する
- ☐ 題名（タイトル）は、自分の言いたいことを表しているかを確認する

Sentence Structure and Fluency
（文の構成とその流れがスムーズであること）
☐ 明確であること
☐ いろいろな例をあげて説明していること
☐ 変化に富んだ構成であること

Convention（大文字、小文字の使い方、句読点など）
☐ 大文字の使い方（場所の名前、人名、曜日など）に気をつける
☐ 句読点や感嘆符（ . , ! ?）を正しく使う

書く前に綿密に計画を立てる
5年生
【参観報告】モラス先生の5年生クラス

今回は5年生のモラス先生のクラスを訪れました。5年生は4年生とあまり違いはありませんが、問題提起の文章の書き方など、よりバラエティに富んだ書き方を学びます。そのためには、書く前に綿密に計画を立てることが求められます。ひとことに書くといっても、さまざまなスタイルが存在します。

Narrative

narrative とは、文字通り語るように書くことで、幅広い分野で応用ができます。導入文、クライマックス、エンディングといったように、一連の流れがある書き方です。when や so のような接続詞を使うと、経過、情勢がわかりやすくなります。例えば、次の文は「車を運転していた→雪が降ってきた→車が溝に落ちてしまった→警察を呼んだ」と一連の出来事を、流れを語るように記述しています。

[例] When I was driving, suddenly snow started to fall, the road became icy and my car spun into the ditch. No one was around. So I decided to call the police to come and help me.

（私が車を運転していたら、雪が降りはじめました。道には氷が張り、タイヤがすべって溝に落ちてしまいました。周囲に人はおらず、警察に電話して助けに来てもらうことにしました）

Descriptive Writing

　人や物、場所について描写する記述的な（descriptive）書き方です。自分についての記述であれば、自分の目や髪の色、そして放課後に何をするのかなどを淡々と記述します。記述的ゆえに、文章に出来事の盛り上がりは見られない（求められていない）書き方です。

　次の文は、自分について書いた例です。

[例] I am a 5th grader in Ms. Morath's class. I have brown eyes and brown hair. I go to a homework club after school.

（ぼくはモラス先生のクラスの5年生です。目は茶色、髪の毛も茶色です。放課後は宿題クラブに行きます）

Expository Writing

　説明的、解説的な文体の書き方です。雑誌や新聞といった情報記事などの描写でよく見られるスタイルです。いつ、誰が、どこで、どのように、どうしたという5W1H（when, where, who, what, why, how）を文中に盛り込むことを心がけます。

　次の例は、「アメリカの知事について」、誰が、どこで、何をしたか、どのような過程を経たのかという説明文です。

[例] **Our governor** is the first Hispanic woman **elected** in this position **in the nation** and she was a prosecutor before becaming a governor.
（ぼくの州の知事はアメリカでは初めてのヒスパニックの女性知事です。知事になる前は検事でした）

- Our governor → who
- in the nation → where
- elected → what

Persuasive Writing

読み手を説得したいときに用いる書き方です。何かのテーマに対して、まず For（賛成）と Against（反対）どちらの立場であるのかをはっきりさせて書きます。

例えば、戦争に賛成か反対か、原発に賛成か反対かなど、どちらの立場であるかをはっきりさせ、その理由を書いていきます。

[例] **All the students should go to a dual language school because we live in a global world.**
（グローバルな世界で生きていくために、すべての生徒はバイリンガルの学校に行かなくてはならない）

モラス先生のクラスを訪れたとき、教室ではpersuasiveな文章について話し合っていました。いわゆるブレーンストーミングの段階です。

「persuasiveな文章とは何だったかな？」と生徒に問いかけるモラス先生。

　先生：persuasiveな文章とはどんな文章かな？
　生徒：話をするように書くこと。
　先生：ほかには？
　生徒：説得力のある（persuasive）文章。

　ここまでやりとりが進むと、モラス先生はThat's the answer I wanted to hear!（それが聞きたかった答えよ！）とひとこと。うまく生徒から答えを引き出せたようです。自分の思っていること、考えていることを人に「なるほど」と思わせ、賛同を得るような書き方をpersuasive writing（説得力のある書き方）と呼ぶのでしたね、とモラス先生は説明しました。

　先生：今からテーマを書きます。テーマを選択するとき、Yesでも、Noでもかまわないので、（なぜ賛成か、なぜ反対かの）理由を5つ挙げて、みんなで議論してみましょう。

　ここまで説明したところで、先生がテーマを発表しました。

■ テーマ１
Should we wear uniform at school?
（学校に制服はあった方がいい？）

このテーマが選ばれた背景には、「学校にお尻が見えそうなジーンズをはいてきたり短いスカートをはいてくる子が増えて、服装が乱れている。みな白いシャツに黒のズボンかスカートをはきましょう」という学校の運動があります。生徒はそれぞれが yes、no のどちらかを決め、その理由を because ではじめて５つ書きます。

■ テーマ２
Should we have a year round school?
（１年じゅう学校に行くというシステムはよいのだろうか）

夏休みを短くし、秋と冬の休みを少し長くすれば、習ったことを忘れることもないだろうし、体にも楽ではないだろうか、というわけです。

■ テーマ３
Should all students go to a dual language school?
（すべての生徒がバイリンガルの学校に行くべきなのだろうか）

「学校はバイリンガルであるべきか」という問題です。バイリンガルといっても、カナダに近い学校ならフランス語、カリフォルニアならスペイン語などがバイリンガルの対象になるでしょう。

この辺で終了の時間になってしまいましたが、３つのどのテーマをとりあげても、火花が散るような論戦が交わされそうですね。これらのテーマを選んだ生徒たちは、自分の選択に because ではじめる理由を５つ書きます。persuasive（説得力のある）な文章が書けそうです。

第 4 章

復習と実践：
書くステップのおさらい

ここまでに学んだライティングの練習法と仕組みは、きちんと理解できたでしょうか。文章を書くうえで、具体的に何を、どのように考えていけばいいのかというステップを、復習をかねて練習してみてください。

フォー・スクエア・ライティング・メソッド（四角形）の復習

　まずは日本語で、4スクエアの復習からはじめましょう。メイン・アイデアは四角の中心に置きます。4つのそれぞれの四角では、具体例（example）を挙げ、理由（reason）を述べて説明する（detail）という流れで考えていきます。読者のみなさんは自分の立場に置き換えて、ひとつ考えてみてください。英語がむずかしい場合は、日本語でもかまいません。

四角 1

例：Some Kanji (Chinese characters) are familiar to Japanese people already.
（日本人にとって、ある程度の漢字はなじみがあります）

あなた：

四角 3

例：In addition, China is geographically close to visit.
（その上、中国は地理的に近いです）

あなた：

復習と実践：書くステップのおさらい 第4章

Let's try! ❶　4スクエアの練習①

　下の四角1～3の例を見て、四角4をまとめてみましょう。また、自分でもメイン・アイデアを決めるところから書いてみましょう。四角4の例は *p.154-155* にあります。

■ メイン・アイデア

I want to study Chinese. （私は中国語を勉強したいです）

四角 2

例：**Knowing the Chinese is marketable these days because of their economic power.**
（中国経済に勢いがあるだけに、中国語を知っているのは有利ですよね）

あなた：

四角 4

例：

あなた：

Let's try! ❷ 4スクエアの練習②

下の四角1〜3の例を見て、四角4をまとめてみましょう。また、自分でメイン・アイデアを決めるところから書いてみましょう。四角4の例は $p.154$-155 にあります。

■ **メイン・アイデア**

I love spring. （私は春が好きです）

四角 1

例：In spring, trees turn green and flowers bloom.
（春は木々が緑にしげり、花が咲きます）

あなた：

四角 3

例：As a result, people spend more time outdoors walking and having picnics.
（なので、人は散歩やピクニックを通じて外で過ごす時間が多くなります）

あなた：

復習と実践：書くステップのおさらい 第4章

四角 2

例：People feel happier in spring because of nice weather and the longer days.
（春になると気候もいいし日も長くなるというので、人は幸せに感じるのではないでしょうか）

あなた：

四角 4

例：

あなた：

Let's try! ❸ 4スクエアの練習③

下の四角1〜3の例を見て、四角4をまとめてみましょう。また、自分でメイン・アイデアを決めるところから書いてみましょう。四角4の例は $p.154$-155 にあります。

■ **メイン・アイデア**

I want to visit Qatar.（カタールに行ってみたいなあ）

四角 1

例：**Qatar is relatively safe among Arab countries.**
（カタールはアラブ諸国では比較的安全なところです）

あなた：

四角 3

例：**The cultured pearl industry is a main business in Qatar and Japan was involved in the development of this industry.**
（養殖真珠はカタールの主要産業であり、日本はその産業発展に貢献しました）

あなた：

130

復習と実践：書くステップのおさらい 第4章

四角 2

例：**The capital city of Qatar, Doha gives a unique mixture of Islamic art and has a modern skyline.**
（カタールの主都ドーハには、イスラミックの芸術とモダンな高層ビルが入り混じっています）

あなた：

四角 4

例：

あなた：

Let's try! ❹ 接続詞を使って文をつなげる

My house is the best place to be.（わが家が一番いい）というメイン・アイデアを、4スクエアで整理し、文章を書いてみました。四角1〜4の（　）内にはどのような接続詞を入れると文の流れがスムーズになるでしょうか。リストの例を参考に考えてみましょう。必ずしも答えがリストの中にあるというわけではありません。解答と解説は p.154-155 にあります。

■ メイン・アイデア
My house is the best place to be.
（わが家が一番いい）

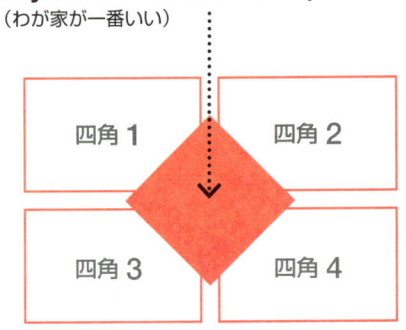

■ 四角 1
間取り

1. **The kitchen is functional.**
   （キッチンが機能的）
2. **Flat house**
   （1階建ての家）
3. **The master bedroom gives peaceful and calm feelings.**
   （寝室が静かで落ち着く）

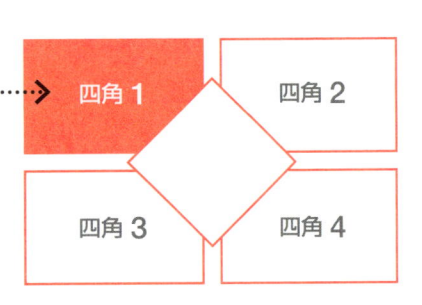

■ 四角2
近所

1. **Friendly neighbors**
（フレンドリーなお隣さん）

2. **The public library, park are within two blocks**
（図書館、公園が2ブロック圏内）

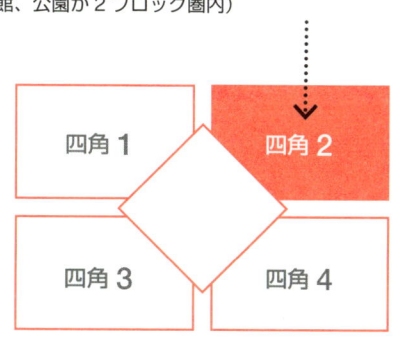

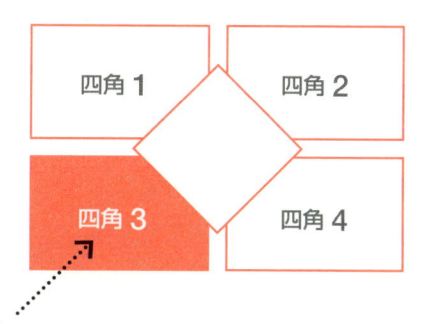

```
┌──────┐ ╱╲ ┌──────┐
│ 四角1 │╱  ╲│ 四角2 │
└──────┘╲  ╱└──────┘
┌──────┐ ╲╱ ┌──────┐
│ 四角3 │    │ 四角4 │
└──────┘    └──────┘
```

```
┌──────┐ ╱╲ ┌──────┐
│ 四角1 │╱  ╲│ 四角2 │
└──────┘╲  ╱└──────┘
┌──────┐ ╲╱ ┌──────┐
│ 四角3 │    │ 四角4 │
└──────┘    └──────┘
```

■ 四角3
家賃の支払い

1. **Almost paid off the house loan**
（家のローンはほとんど支払い済）

2. **Our house price went up about four times.**
（家の価格が4倍も上がった）

```
  ┌────────┬────────┐
  │ 四角 1 │ 四角 2 │
  │    ╲  ╱╲  ╱    │
  │     ╲╱  ╲╱     │
  │     ╱╲  ╱╲     │
  │    ╱  ╲╱  ╲    │
  │ 四角 3 │ 四角 4 │
  └────────┴────────┘
```

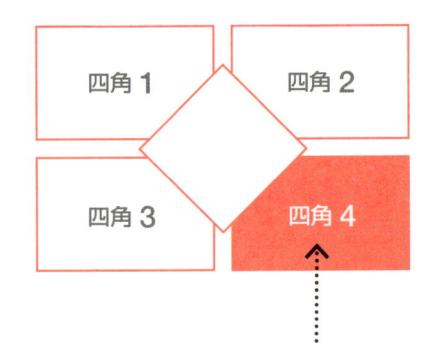

■ **四角 4**

ここでは四角 1～3 のまとめではなく、自分の意見や感情を入れます。

四角 1 を元にできた文章

My house is the best place to be, (①) my kitchen is functional for cooking, I like to live in a flat house (②) I don't have to go up and down the stairs all the time, and the spacious master bedroom gives me peaceful and calm feelings.

(わが家が一番です、だってキッチンは料理のために機能的だし、平屋に住むのが好きなのです。階段を上り下りしなくてもよいし、マスターベッドルームの広さは安らいだ穏やかな気持ちにさせてくれます)

　台所の機能性、なぜ平屋が好きか、マスターベッドルームの広さはどのくらいなのかなど、the best place to be である理由をあげています。また、functional, peaceful、calm などの形容詞を使って、自分の気持ちを表現しています。

> ■ **四角 1 に入れる接続詞の例**
> first of all / to start with / first / one thought / one reason / one thing / because

復習と実践：書くステップのおさらい 第4章

四角2を元にできた文章

(③) I have a very good neighborhood. My neighbors are friendly; (④) public library and a park are within two blocks.

（第2に、お隣さんはとてもいい人だし。また、近所の人たちは気さくだし、公共図書館と公園は2ブロック圏内にあります）

the best place to be である理由を具体的に説明しています。

> ■ 四角2に入れる接続詞の例
> also / in addition / additionally / second / another reason is

四角3を元にできた文章

(⑤) my house loan is almost paid off since we bought it about 30 years ago. The price of the house has gone up by approximately four times since then.

（第3に、30年前に我が家を購入してから、ローンのほとんどが支払い済みなのです。家の価格はそのころから約4倍まで上がりました）

When（いつ買ったか→ about 30 years ago）、why（なぜ買ったか→ the price of the house has gone up by approximately four times）といった詳細も入れてみました。

> ■ 四角3に入れる接続詞の例
> additionally / third / in addition / finally

> 四角4を元にできた文章

(⑥) my house is the best place to be because of its layout of the house, a convenient and good community to live and more than anything, the price is right! What else can we ask for? Would you like to visit me?

(ごらんのように、家のレイアウト、住むのに便利でよいコミュニティ、そして何よりも価格がいいので、わが家が一番です。これ以上何が必要でしょう。うちに来たくなりましたか？)

最後に more than anything, the price is right! What else can we ask for? Would you like to vilsit me? といった自分の感情、意見を入れると、文にあなたらしい個性が出ます。

> ■ 四角4に入れる接続詞の例
> so as you can see / in summary / in conclusion / therefore / all in all

Let's try! ❺ 穴埋め問題

次の①〜⑤の空欄を埋めてください。解答と解説は p.154-155 にあります。

① 6トレイトでは、まずメイン・アイデアを決め、次に文章の構成を考え、自分の（　　　　　　）を入れます。そのあと、適切な語彙を選び、文章の流れをみて、文法などのルールを整理します。

② 書く前の段階で（　　　　　）を使って整理をすると、書きたいことがはっきりとしてきます。日本では、一般にマインド・マップとも呼ばれています。

③「フォー・スクエア・ライティング・メソッド」において、四角4は文を（　　　　　）役割があります。

④ アメリカの小学校では、使用頻度の高い単語を high frequency words と呼び、教室の壁に貼って、生徒の目に留まるようにしています。これを（　　　　　）と言います。

⑤（　　　　　　）詞を使うと、その人らしさを出すことができます。

インバーテッド・トライアングル（三角形）の復習

　ここからは、第3章の4年生の参観記録（*p.*103）で学習した逆三角形を活用した書き方を日本語で復習していきます。メイン・アイデアは「私は魚料理が好き」です。

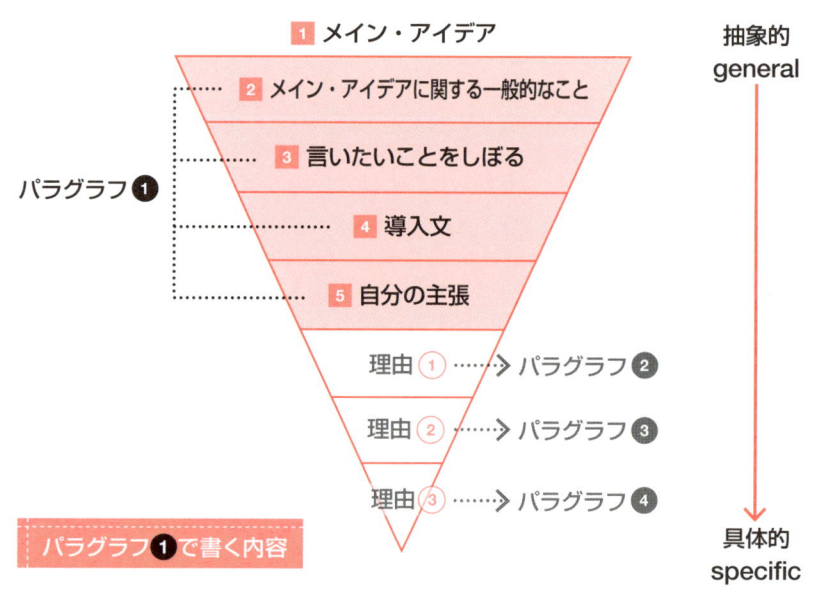

```
パラグラフ❶
  1 メイン・アイデア
  2 メイン・アイデアに関する一般的なこと
  3 言いたいことをしぼる
  4 導入文
  5 自分の主張

理由①　……▶ パラグラフ❷
理由②　……▶ パラグラフ❸
理由③　……▶ パラグラフ❹

抽象的 general
↓
具体的 specific
```

パラグラフ❶で書く内容

2 テーマに関する一般的なこと
食べることが大好きで、好きな食べ物はいろいろあります。

3 言いたいことをしぼる
ヨーロッパとアジア諸国を旅行したとき、各国のおいしい食べ物の食べ歩きをしました。

4 導入文（焦点を定める）
大きくわけると肉と魚料理にわけられると思います。

5 自分の主張（一番言いたいこと）
私は、魚料理の方が断然好きです。

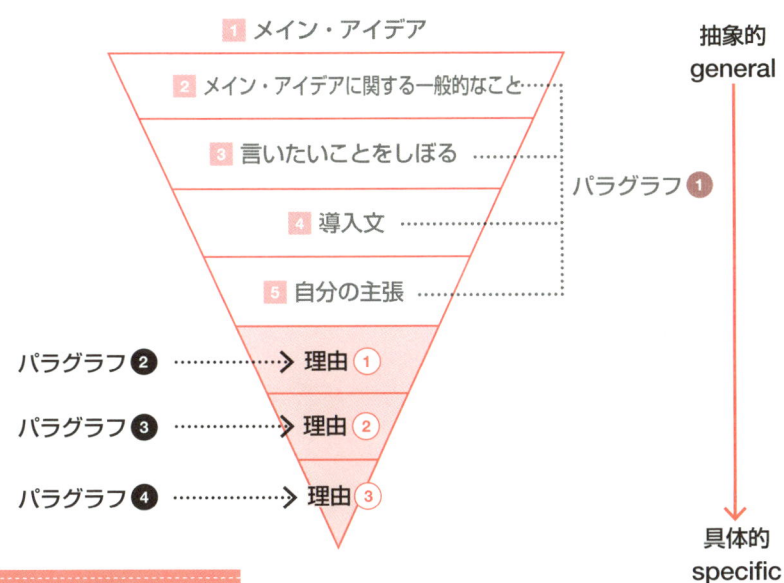

復習と実践：書くステップのおさらい　第4章

```
         1 メイン・アイデア
          2 メイン・アイデアに関する一般的なこと
           3 言いたいことをしぼる           パラグラフ❶
            4 導入文
             5 自分の主張
パラグラフ❷ ……→ 理由①
 パラグラフ❸ ……→ 理由②
  パラグラフ❹ ……→ 理由③
```

抽象的
general

具体的
specific

パラグラフ❷で書く内容

2 理由①

魚は栄養価が高く、健康によい。
→「魚は栄養価が高く健康によい」理由を4スクエアを使ってさらに詳しく掘り下げます。

パラグラフ❸で書く内容

2 理由②

魚は煮るとおいしい。
→「魚は煮るとおいしい」理由を4スクエアを使ってさらに詳しく掘り下げます。

パラグラフ❹で書く内容

2 理由③

魚は焼いてもおいしい。
→「魚は焼いてもおいしい」理由を4スクエアを使ってさらに詳しく掘り下げます。

上から4つ目までが、紹介文のパラグラフ1を構成する要素です。これらをパラグラフ1としてまとめてみます。

パラグラフ1（紹介文）

趣味とも言えるくらい食べることが大好きです。ですから、好物はいろいろあります。私はヨーロッパ、アジア諸国を旅行しました。それぞれの国でおいしい物の食べ歩きは本当に楽しいですね。でも、どこの国に行っても、料理は肉料理、魚料理の2種類にわけられます。私はアメリカの海のない内地に住んでいるので、旅行をすると魚料理が食べたくなります。私は魚料理が大好きなのです。

→パラグラフ1へ

パラグラフ2（理由1）

■ **メイン・アイデア**

理由1：魚は栄養価が高く、健康によい。

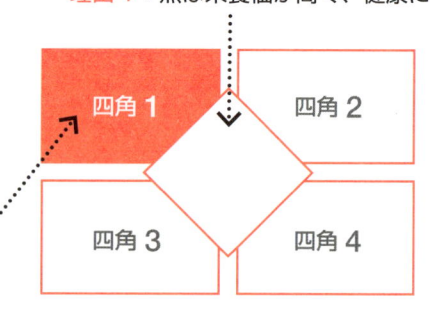

四角1　四角2
四角3　四角4

■ **四角1**

detail 1：詳しく説明（first of all、one reason などで文がつながるように）
魚が健康によいと言われる理由
- 低カロリー
- 心臓に負担を与えない
- 血圧をコントロールできる
- 骨によいので関節にもよい

復習と実践：書くステップのおさらい 第4章

■ 四角2

detail 2：(in addition、another reason でつながるように)
魚が健康によいと言われる別の理由
●魚には良質のたんぱく質が含まれている
●カルシウムが豊富
●ビタミン A,B も含まれているので、皮膚にもよい

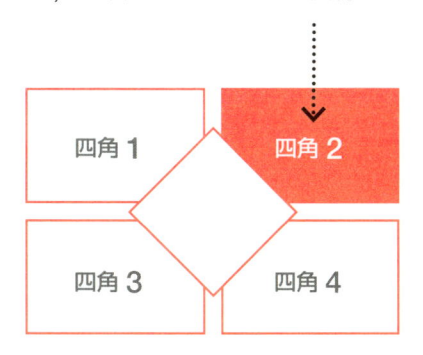

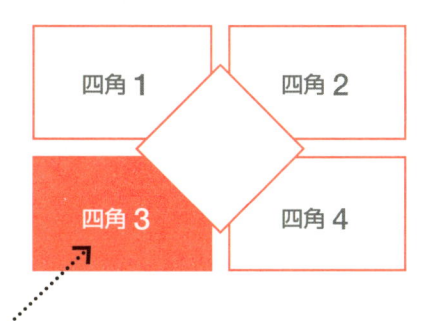

■ 四角3

detail 3：(also、another thought につながるように)
アメリカでも、お寿司は大人気です。
● アボカド　　● マサゴ　　● クリームチーズ
などを使っています。

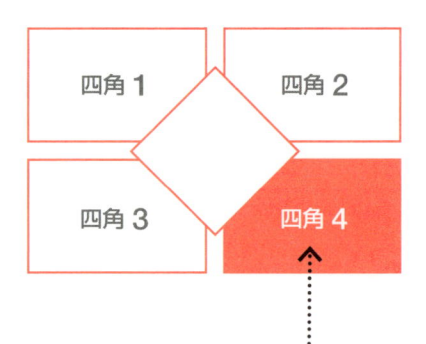

```
┌─────────┐ ┌─────────┐
│  四角1  │ │  四角2  │
│       ◇       │
└─────────┘ └─────────┘
┌─────────┐ ┌─────────┐
│  四角3  │ │  四角4  │ ←
└─────────┘ └─────────┘
```

■ 四角4

detail 4：Summary

　魚料理は，低カロリーのために心臓に負担をかけず、コレステロールも低いため血圧のコントロールにも最適だと言われています。というのは魚の持つタンパク質は、脂肪が少ない上に、カルシウム、ミネラルもたっぷり。それだけでは、ありません、ビタミンA、Bも含まれているので、お肌をしっとりさせるという美容上のプラスにもなります。アメリカでは、新鮮な魚を食べられるということで、数十年前からお寿司のブームが続いています。アメリカのお寿司には、魚だけではなく、アボカド、クリームチーズまでいれて、タンパク質補強に励んでいます。赤い色彩を添えるということで、マサゴもよく使われます。

→パラグラフ2へ

Let's try! ❻　できた文章をエディティング（チェック）する①

　4スクエアを使って文をより詳しく、より深くと掘り下げていると、どうしても書きすぎてしまうことも出てきます。パラグラフ2のsummaryで書いた文章が長くなってしまったので、どこかを削ろうと思います。あなたなら、どの部分を削るか考えてみてください。

　このような場合には、詳しく書きすぎているところから削っていきます。私としては、detail 1の「血圧をコントロールできる」ことと、「骨によいので間接にもよい」のふたつ、そしてdetail 3のアボカド、マサゴ、クリームチーズの具体例を削ろうかなと思います。

　4スクエアに書きだしたdetailは、必ずすべて載せなくてはいけないと

いうルールはありません。一度書きだした後に不要と思えば思いきってカットしてしまうとよいでしょう。

> パラグラフ3（理由2）

■ **四角1**
　detail 1：（for example でつなげます）
　魚が健康によいと言われる理由
　● サバはお醤油やお酒で煮る
　● シャケは、お味噌汁で煮ます
　● ブリも煮ることが多いです

■ **メイン・アイデア**
日本の家庭では煮魚料理に人気があります。

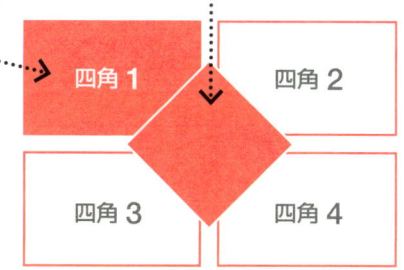

■ **四角2**
　detail 2：（also でつなげます）
　中国料理も魚を煮ることが多いです。
　● 甘酸っぱく煮る
　● 骨を取ってから辛く煮る料理
　● キノコ、ニンニク、ショウガなどをスパイスとして使い、片栗粉でとろみをつけます

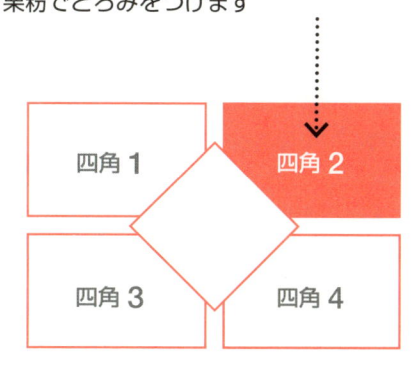

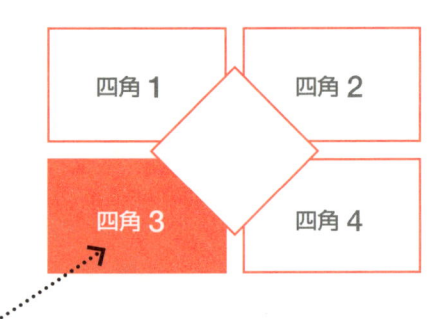

■ 四角 3

detail 3：（on the hand で続けます）
アメリカやヨーロッパでは、煮魚料理は形をくずさないように約 8 分でさっと煮るようです。
［味付け］
● ローズマリー　　● チーズ　　● ミント

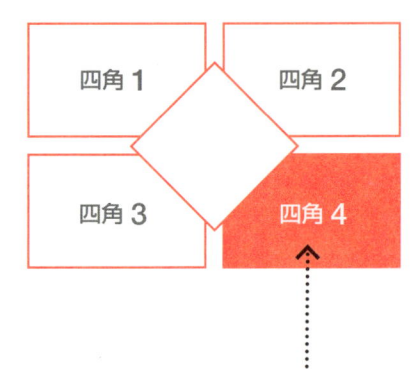

■ 四角 4

Summary（まとめ）
　日本の煮魚は、お醤油・お酒であっさりと煮る、あるいは石狩汁のようにお味噌汁に入れて、煮込むことが多いようです。また、中国でも煮魚の料理が豊富です。甘酸っぱく煮るのは中国料理のお手の物。骨を取ってから、ショウガ、ニンニク、キノコをスパイスとして使った料理をよく食べます。アメリカ、ヨーロッパとなると、まず魚の形をくずさないようにするのが第 1 条件。煮る時間は約 8 分と短時間です。味付けは、ローズマリーやミントなどのハーブ類、粉チーズも煮魚料理にかけるというレシピもあります。

→パラグラフ 3 へ

復習と実践：書くステップのおさらい 第4章

パラグラフ4（理由3）

■ **メイン・アイデア**
世界でみても、焼き魚の方が人気があります。

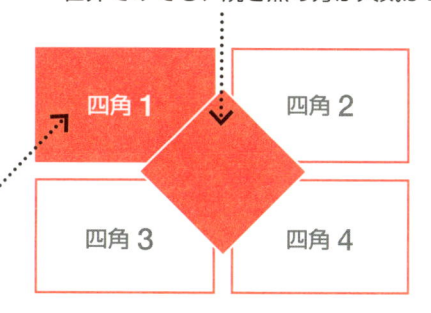

```
┌─────┐   ┌─────┐
│四角1 │ ◆ │四角2 │
└─────┘◆ ◆└─────┘
┌─────┐◆ ◆┌─────┐
│四角3 │ ◆ │四角4 │
└─────┘   └─────┘
```

■ **四角1**
detail 1：（first reason でつなげます）
日本では、味やひじきの開いたものを網で焼いたものです。
[焼き方]
● アメリカでは、炎がメラメラと立っているキャンプファイヤー
● バーベキュー
● オーブンのグリルを使って

■ **四角2**
detail 2：（for example でつなぎます）
焼く魚の種類
● サケ　　● マス　　● タラ
● メカジキ　● ナマズ　● フエダイ

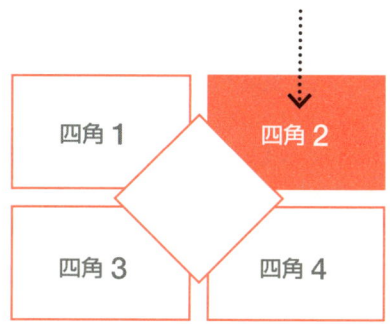

```
┌─────┐   ┌─────┐
│四角1 │ ◆ │四角2 │
└─────┘◆ ◆└─────┘
┌─────┐◆ ◆┌─────┐
│四角3 │ ◆ │四角4 │
└─────┘   └─────┘
```

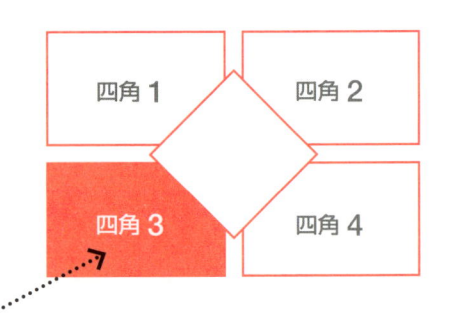

■ **四角 3**

detail 3：(in addition でつなぎます)
[味付け]
- パイナップルジュースにつけておく
- サルサソースをかける
- レモンジュースをかける
- ガーリックソースをかける

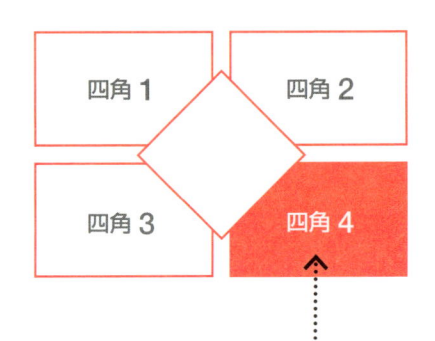

■ **四角 4**

Summary（まとめ）

　焼き魚というと、日本では、伝統的に網を使っていたものです。アメリカでは、魚は焼くものと思っている人が多いようです。それは、炎がめらめらと立っている中で焼く、キャンプファイヤーの経験から、また土地柄、庭でのバーベキュー、オーブンに入れてグリルというイメージなのでしょうか。釣りも人気のあるスポーツですから、釣ったばかりの新鮮な魚をたき火で焼くととてもおいしいそうです。アメリカのスーパーで売っている魚は、シャケ、マス、タラ、ナマズです。ちょっと高級なレストランに行くと、メカジキ、フエタイ、ヒラメなどが食べられます。焼いた後にソースをかけるという調理法が多く、パイナップルやレモンのジュースをかけたり、辛党はサルサやマスタード系のソースをかけていただきます。

→パラグラフ 4 へ

Let's try! ❼　できた文章をエディティング（チェック）する②

　パラグラフ4も長くなってしまいました。ここでも、「これは必要以上に長い、カットしたほうがよさそう」と思う部分を、自分で考えてみましょう。

　ちなみに私は、パラグラフ3のdetail 3のローズマリーなどの調味料の説明、パラグラフ4の焼く魚の種類を詳しく書きすぎたと思ったので、それぞれをふたつに減らし、detail 3をシンプルに「ジュース類」としてもよいと思います。みなさんはいかがでしょうか。

パラグラフ❺（結論）で書く内容

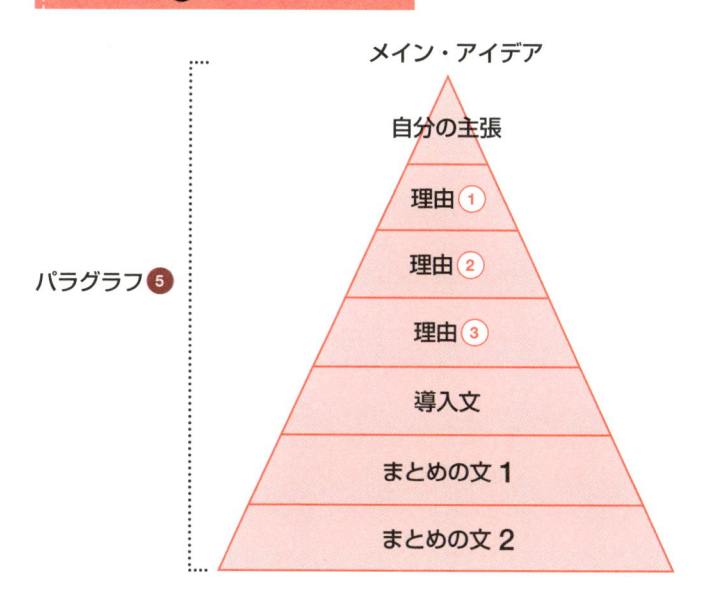

パラグラフ❺：
- メイン・アイデア
- 自分の主張
- 理由①
- 理由②
- 理由③
- 導入文
- まとめの文1
- まとめの文2

■ **自分の主張**
　私は、魚料理が大好き。（最も言いたいことをここでふたたび強調します）

■ **理由①**
　日本は海に囲まれているため、新鮮な魚が食べられます。

■ 理由②
コイノボリ、お正月に食べる「めでたい」のタイ、お産のあとにも妊婦は栄養のあるコイを食べさすなど魚にまつわる話がたくさん。

■ 理由③
魚へんの魚の字もたくさんあります。魚文化がさかんです。

■ 導入文
アメリカの内地にいると魚が食べられず、魚料理が恋しくなります。

■ まとめの文１
おいしい料理というのは、どこの土地に行ってもあります。

■ まとめの文２
でも、海辺の新鮮な魚に勝る料理はありません。

■ 結論 summary
　私の好物は、魚料理です。日本では海に囲まれているから新鮮なお魚がすぐ手に入るのは、アメリカの内陸地で暮らしている者にはうらやましい限りです。

　５月の鯉のぼり、お正月のおめでたい、「鯛」、お産の後には、栄養を取り戻すということで、鯛を妊婦に食べさせる風習もありますね。

　お寿司屋で出される湯呑み茶碗には、ありとあらゆる魚へんの漢字が書かれているし、日本手ぬぐいのデザインにも魚がいっぱい書かれていたりします。魚文化ここにあり、です。

　アメリカの内地の魚は、海に近い州から冷凍で運ばれてきます。お寿司も冷凍の魚をもどして使います。おいしい料理というのは、どこの土地にもありますね。でも、何を差し置いても私は新鮮でおいしいお魚が大好きです。
→パラグラフ５へ

　各 summary で書いた文が長くなってしまいました。でも、これらすべてを最終的な文章に反映させる必要はありません。長くなりそうであれば、必要な部分だけを選んで完成させていってください。

Let's try! ❽　インバーテッド・トライアングル（逆三角形）

次の①〜⑥の質問に答えてください。③〜⑤はA、BまたはA、B、Cのいずれかから選んでください。解答と解説は *p.*154-155 にあります。

① インバーテッド・トライアングル（逆三角形）の図を使った書き方で、「導入文」にはどんな役割がありますか。

───────────────────────────────

② パラグラフがどのように展開されるのか、簡単に説明してください。

───────────────────────────────

③ 「自分の主張」は、パラグラフ1（紹介文）で、「これが言いたい！」という最も大切なことを、パラグラフの（A: はじめに置く　B: 最後に置く）文のこと。

───────────────────────────────

④ 「自分の主張」の後に、具体的に説明するパラグラフは（A:2つ　B:3つ　C:4つ）ある。

───────────────────────────────

⑤ 結論のパラグラフでは、一番言いたいことを（A: 文のはじめに書く　B: 文の最後に書く）

───────────────────────────────

⑥ 一般的にレポートやエッセイを書くとき、パラグラフは全部でいくつ書くでしょうか。

───────────────────────────────

Let's try! ❾　5Wと1Hを意識して、より具体的に書く

　次の文はいずれもやや情報が不足しており、何を伝えようとしているのかがうまく伝わってきません。5W1Hを意識しながら、文を具体化してください。

① **I went to the restaurant.**（レストランに行きました）
　What（どんなレストランに）、Who（誰と）When（いつ行ったのか）を書きましょう。
→

② **Today we have homework.**（今日は宿題があります）
　何の（what）宿題が出たのかを書きましょう。
→

③ **I love sushi.**（私はお寿司が好きです）
　どんな（what）お寿司が好きなのかを書きましょう。
→

④ **I workout every day.**（私は毎日運動を欠かしません）
　どんな運動をしたのか、なぜ好きかなどを書きましょう。
→

復習と実践：書くステップのおさらい 第4章

⑤ **More people choose to go to vocational schools nowadays.**（最近、職業訓練学校に通う人が増えてきています）

すぐ職につける、学費が安いなど、職業訓練学校に通う人が増えている理由が必要です。because を使って理由を書き足してみましょう。

→

⑥ **Today I don't have to cook.**（今日私は料理をしなくてよいのです）

なぜ（why）今日は料理をしなくてよいか、理由を書き足してみましょう。

→

Let's try! ⑩　形容詞を使って文に個性を出す

次の文の空欄には形容詞が入ります。どんな表現を入れればよいでしょうか。状況に合わせて考えてみましょう。

① **It was Dan's turn to sing in the contest. He was very nervous. You could tell that by his (　　　　) face.**
（コンテストでダンが歌う番がまわってきました。彼はとても緊張していました。彼の〜な顔を見ればすぐわかります）

緊張しているダンはどんな顔をしていたでしょうか。日本語だと、このような状況を「顔面蒼白」と言ったりもしますね。

② **My son's (　　　　) face told me that he was happy.**
（息子の〜な顔を見たとき、彼は幸せなのだと思いました）

幸せそうだと思える表情は、どんな表情かを考えてみましょう。例としては、cheerful、joyful、pleased、elated などが考えられます。

Let's try! ⓫　できた文章をエディティング（チェック）する③

次の文はいずれも修正する必要があります。何をどうするとより読みやすい、わかりやすい文になるでしょうか。下記の点に注意しながら、①〜⑥をエディティングしてみましょう。解答と解説は p.154-155 にあります。

- 繰り返しを避ける
- 当たり前で誰もがわかるようなことは言わない
- really、a lot、so、very などの「形容詞」を多用しすぎない
- 説明を加えて言いたいことをより正確に伝える

① **My friend, Diane, really really likes to talk.**
（私の友人のダイアンはおしゃべりが本当に本当に大好きです）

② **Mat has a stomachache.**
（マットは胃が痛い）

③ **My dog's hair is so soft and nice. It gives me such a soothing feeling when I pat her. When I pat her, she looks so happy.**
（私の愛犬の毛はやわらかくてとても気持ちがいいです。私がなでてあげると愛犬はうれしそうにします）

④ **My hands are hot!**
（私の手は熱い！）

⑤ **My father is wearing his favorite tie.**
（私の父はお気に入りのネクタイをしています）

⑥ **When I came back from Japan by airplane, the weather was really bad and the pilot had problems landing when he landed on the ground on the runway in the airport.**
（日本から帰国するとき、悪天候のためにパイロットは着陸に苦労しました）

Let's try 解答と解説

p.126-127　Let's try ①

I want to study Chinese. One reason is some Kanji (Chinese characters), are familiar to Japanese people already. Second, knowing the Chinese is marketable in these days because of their economic power. Third, China is geographically close to visit. These are the reasons that I want to study Chinese.

　（私は中国語を学びたいです。日本人にとって、ある程度の漢字はなじみがあるというのがその理由のひとつです。それに、中国語を知っているということは、中国経済に勢いがあるだけに有利ですよね。それに中国は地理的に近いです。これらの理由から、私は中国語を学びたいです）

p.128-129　Let's try ②

In spring, trees turn green and flowers bloom. People feel happier in spring because of the nice weather and the longer days. As a result, people spend more time outdoors walking and having picnics. I think everybody loves spring!

　（春は木々が緑にしげり、花が咲きます。春になると気候もいいし、日も長くなるという理由で人は幸せに感じるのではないでしょうか。ということで、人は散歩やピクニックなどで外で過ごす時間が多くなるのではないでしょうか。みんな春が好きだと思います）

p.130-131　Let's try ③

Qatar is relatively safe among Arab countries. The capital city of Qatar, Doha, gives a unique mixture of Islamic art and a modern skyline. In addition, Japan was involved with the development of the cultured pearls, which is one of their main businesses. The above reasons are why I want to visit Qatar.

　（カタールはアラブ諸国では比較的安全です。カタールの主都ドーハにはイスラムの芸術とモダンな高層ビルが入り混じっています。養殖真珠はカタールの主要産業であり、日本はその産業発展に貢献しました。そういうわけで、私はカタールを訪れたいと思います）

p.134-136　Let's try ④

① first of all　② because　③ Second,
④ Also　⑤ Third,　⑥ So as you can see,

p.137　Let's try ⑤

① voice、声、主張　② ウェッブ　③ まとめる　④ ワード・ウォール　⑤ 形容（詞）

復習と実践：書くステップのおさらい　第4章

p.149 Let's try ⑧

① 紹介文の一部で言いたいことに移行する準備段階の文です。
② 紹介文、その理由を説明するパラグラフ3つ、それに結論のパラグラフで計5つです。
③ B：最後に置きます。　④ B：3つ
⑤ A：まず言いたいことを最初に書いてから、次に理由を書き、最後にまとめます。
⑥ A：5つ

p.152-153 Let's try ⑩

① **My friend, Diane, really likes to talk.**
（私の友人ダイアンはおしゃべりが本当に本当に大好きです）

really, really は口語ではおかしい表現ではありませんが、文字で2度繰り返すのはちょっとしつこく感じます。ひとつ削除しましょう。

---

② **Mat has a stomachache, because he ate 12 slices of pizza.**
（マットはピザを12切れも食べたのでお腹が痛い）

マットが腹痛をもよおしているのは何が原因なのかを書きましょう。たくさん食べたなら、どのくらいの量を食べたかを描写します。

---

③ **My dog's hair is so soft and nice. It gives me such a soothing feeling when I pat her. When I pat her, she looks so happy.**
（私の愛犬の毛は、やわらかでとても気持ちがいいです。私がなでてあげるとうれしそうにします。

so と pat を2回ずつ使っていますが、英語では同じ言葉を使わないという暗黙のルールがあります。so は very に、pat は pet など、別の表現に言い換えましょう。a lot, very, big, like、then, and などは、あいまいなためについ使ってしまいがちで、くり返しやすい言葉とされています。つねに明確に書くように意識することが大切です。

---

④ **My hands are as hot as fire!**（私の手は火のように熱い！）

「熱い」とひとこと書くだけでは伝わりません。物や状況に例えて「どのくらい熱いのか」を描写しましょう。as 〜 as... (... のように〜だ) という意味です。単純に too hot!（熱すぎる！）と言ってもいいですね。way too hot だとさらに熱さが強調されます。

---

⑤ **My father is wearing his favorite tie that I gave him on last Father's Day.**
（私の父は私が父の日にあげたお気に入りのネクタイをしています）

お父さんの「お気に入りのネクタイ」とは、どんな色か、どんな柄か、最近買ったものか、使い込んでいるものなのかといった情報を盛り込んで、具体的に描写しましょう。

---

⑥ **When I came back from Japan by airplane, the weather was really bad and the pilot had problems landing.**
（日本から帰国するとき、悪天候のためにパイロットは着陸に苦労しました）

丁寧に書きすぎて、飛行機が着陸したことは文から読み取れるので、最後の以下は書く必要はありません。カットしてしまいましょう。

著者プロフィール

リーパーすみ子

外資系企業で秘書、コピーライターを経て、アメリカ留学。アイオワ州立大学ジャーナリズム学部にて修士号を取得。アメリカの教員免許取得後、公立小学校にて20年勤務、2007年リタイア。著書に『アメリカの小学校ではこうやって英語を教えている』『アメリカの小学校では絵本で英語を教えている　ガイデッド・リーディング編』（径書房）他。

アメリカの小学校に学ぶ英語の書き方

2011年10月5日第1版第1刷発行

著者：リーパーすみ子
協力：サンディ・ベルゾーサ、サンドラ・アルバラド、ドラ・オルティース、
　　　マーガレット・ミルガン、ミッシェル・マイネズ

装丁・デザイン：松本田鶴子
表紙イラスト：カモ
本文イラスト：峰村友美
英文校正：イアン・マーティン

発行人：坂本由子
発行所：コスモピア株式会社
〒151-0053　東京都渋谷区代々木4-36-4　MCビル2F
営業部：TEL：03-5302-8378　email：mas@cosmopier.com
編集部：TEL：03-5302-8379　email：editorial@cosmopier.com

http://www.cosmopier.com/
http://www.kikuyomu.com/

印刷・製本：シナノ印刷株式会社

© 2011 Sumiko Leeper / CosmoPier Publishing Company, Inc.

出版案内 コスモピア

はじめての英語日記
1日3文の日記で決定的な差が出る！

英語で日記を書くことは、自分のことを英語で話す「リハーサル」。自分に最も必要な英語表現が身につきます。毎日3文ずつ続けることの積み重ね、これは英語で何と言うんだろうと考える習慣が、英語力アップに決定的な差を生むのです。1カ月分の日記スペース付きで、その日からスタートできます。

著者：吉田 研作／白井 恭弘
A5判書籍200ページ
定価1,365円（本体1,300円+税）

1日まるごと英語日記
パターン90から自由自在に書ける！

学生からリタイア組まで、さまざまな日記例90を用意。自分にピッタリな例を見つけたら、「入れ替え表現」リストを使って自分なりにアレンジ。まずは自分の1日を英語にしてみる、次に時系列で書く「ジャーナル型日記」、さらにひとつのテーマを掘り下げる「トピック型日記」に挑戦して、表現力をグングン伸ばします。

著者：石黒 加奈
A5判書籍220ページ
定価1,575円（本体1,500円+税）

ライティング・パートナー
プロのイギリス人ライター直伝の1冊！

英文ライティングの基本ルール、注意したい文法事項から、日記・メール・ビジネスレター・スピーチ原稿・プレゼン原稿の具体的書き方までカバー。これ1冊でどんな英文でも書けるようになります。英語を書くプロが、ネイティブの目から見た日本人の苦手な部分、稚拙な印象を回避するテクニック等を丁寧にアドバイス。

著者：クリストファー・ベルトン
翻訳：渡辺 順子
A5判書籍176ページ
定価2,310円（本体2,200円+税）

決定版 英語エッセイ・ライティング
TOEFL®テスト対策に！

英文レポートや小論文作成、TOEFL受験や留学で必要になるエッセイ・ライティングには、明確な「ルール」があります。「トピックを決める」「アウトラインを決める」から「パンクチュエーションのチェック」まで、本書のフローチャート通りに進めば、誰でもわかりやすい英文が書けるようになります。

著者：門田 修平／氏木 道人／伊藤 佳世子
A5判書籍216ページ
定価2,100円（本体2,000円+税）

基礎からの英語eメール仕事術
ビジネスeメールのマナーから実践まで

海外駐在15年の著者が、仕事を成功に導くeメールの書き方を伝授。シンプルな英語で必要事項を簡潔に伝える「ビジネスライク」な英文に「パーソナル・タッチ」を添えて、相手との信頼関係を築くメール作成のコツを学びます。現役ビジネスマンだから書けたナマナマしいケース・スタディが本書の特長です。

著者：柴田 真一
A5判書籍240ページ
定価2,100円（本体2,000円+税）

英単語 語源ネットワーク
語彙力アップの決め手が語源！

英語上級者に単語を覚えた秘訣を聞くと、異口同音に出てくるのが語源。ギリシャ語、ラテン語、ゲルマン語にさかのぼる英語の語源にはドラマがあります。丸暗記は不要。単語の意味を決定する語根と接頭辞からネットワーク的に覚えていく方法は、忘れにくいうえに未知語への応用が利く王道です。

著者：クリストファー・ベルトン／長沼 君主
翻訳：渡辺 順子
A5判書籍228ページ
定価1,890円（本体1,800円+税）

全国の書店で発売中！　www.cosmopier.com

英会話 1000本ノック〈入門編〉
初心者にやさしいノックがたくさん！

『英会話1000本ノック』のCDに収録されているのが質問のみであるのに対し、『入門編』は質問→ポーズ→模範回答の順で録音されているので、ポーズの間に自力で答えられないノックがあっても大丈夫。5級からスタートして、200本ずつのノックに答えて1級まで進級するステップアップ・レッスンです。

著者：スティーブ・ソレイシィ
A5判書籍184ページ＋
CD2枚（各72分、71分）

定価1,764円
（本体1,680円＋税）

英会話 1000本ノック
まるでマンツーマンの英会話レッスン！

ひとりで、どこでもできる画期的な英会話レッスン。ソレイシィコーチが2枚のCDから次々に繰り出す1000本の質問に、CDのポーズの間にドンドン答えていくことで、沈黙せずにパッと答える瞬発力と、3ステップで会話をはずませる本物の力を養成します。ソレイシィコーチの親身なアドバイスも満載。

著者：スティーブ・ソレイシィ
A5判書籍237ページ＋
CD2枚（各74分）

定価1,890円
（本体1,800円＋税）

耳からマスター！しゃべる英文法
使えない知識を「使える英語」に！

学校でずっと勉強したのに話せないのは、授業が「話す」ためのものではなかったから。本気で話せるようになりたければ、「大量のインプット」＋「少しのアウトプット」で、英文法を自動的に使いこなせるようにするのが正解です。その絶妙の組み合わせのトレーニングを実現した、学習者待望の1冊。

著者：白井 恭弘
A5判書籍184ページ＋
CD2枚（64分、68分）

定価1,890円
（本体1,800円＋税）

現地なま録音 アメリカ英語を聞く
手加減なしの街の人の声で大特訓！

しっかり予習してアメリカに行ったのに、「全然聞き取れなかった」とショックを受けて帰国することが多いのは、スタジオ録音と生の英語のギャップが原因。NYとワシントンで録音してきた現地英語は、周囲の騒音やなまり、さまざまな音変化のオンパレード。3段階トレーニングで、本物の音を徹底攻略します。

著者：西村友美／中村昌弘
A5判書籍167ページ＋
CD1枚（52分）

定価1,890円
（本体1,800円＋税）

田中茂範先生のなるほど講義録①
そうだったのか★英文法
こんなふうに、中学、高校で習っていたら……

ネイティブにとって文法とは、知らないうちに獲得した直観。「決まり事だから覚えなさい」ではなく、「もっとわかりやすくシンプルに説明できるはず」という著者の思いを形にした1冊。日本人がいだくさまざまな疑問に、授業スタイルの話し言葉で合理的に回答します。冠詞も時制も、やっかいな助動詞も読めば納得。

著者：田中 茂範
B6判書籍262ページ

定価1,575円
（本体1,500円＋税）

英語の発想と基本語力をイメージで身につける本
英語学習サイト「ココネ」とのコラボ！

英語↔日本語の翻訳ではなく、英語で理解し表現する力が「英語の発想」。基本語を使いこなす「基本語力」は、上級者にとっても課題です。このふたつは英語の基盤です。オールカラーの誌面に、「ココネ」のダイナミックな動画イメージを再現し、書籍ならではの詳細な解説を加えた本書で、ふたつの力を同時に体得しましょう。

著者：田中 茂範 & cocone
A5判書籍154ページ

定価1,575円
（本体1,500円＋税）

全国の書店で発売中！　　www.cosmopier.com

決定版 英語シャドーイング〈超入門〉
ここからスタートするのが正解！

シャドーイングは現在の英語力より何段階か下のレベルから始めると、コツがうまくつかめます。そこでひとつが20～30秒と短く、かつスピードもゆっくりの素材を集めました。日常会話や海外旅行の定番表現、実感を込めて繰り返し練習できる感情表現がたくさん。継続学習を成功させる記録手帳付き。

編著：玉井 健
A5判書籍210ページ+CD1枚（73分）
定価1,764円（本体1,680円+税）

仕事で使う英会話
シャドーイングで耳から鍛える！

多くの企業が海外に活路を求めるいま、英語力のニーズはかつてないほど高まっています。本書は会議、商談、電話、出張など、57場面の会話をシャドーイングで身につけようというもの。国際ビジネスの背景知識もアドバイスします。速効性のあるシャドーイングはTOEICテスト対策にもおすすめです。

著者：アレックス M.林／八木 達也
A5判書籍154ページ+CD1枚（54分）
定価1,680円（本体1,600円+税）

決定版 英語シャドーイング〈入門編〉
聞く力がグングン伸びる！

リスニングに抜群の速効があり、短期間で効果を実感できるシャドーイング。『入門編』では、スピードはゆっくりで、ひとつが2～3分とやや長めの素材を提供します。名作の朗読や、小学校の理科と算数の模擬授業、ロバート・F・ケネディのキング牧師暗殺を悼むスピーチなど、やりがい十分です。

編著：玉井 健
A5判書籍194ページ+CD1枚（71分）
定価1,680円（本体1,600円+税）

日常英会話。ほんとに使える表現500
ミニドラマで楽しくレッスン

外資系企業に転職した28歳の主人公が、上司や同僚、その友人や家族に囲まれながら、英語にも仕事にも次第に自信をつけていく過程を描いた1年間のミニドラマ。24シーン、各2～3分の会話の中に、よく使われる表現を平均20個もアレンジしました。イキイキしたセリフはシャドーイングの練習に最適

著者：キャスリーン・フィッシュマン／坂本 光代
A5判書籍232ページ+CD1枚（68分）
定価1,890円（本体1,800円+税）

決定版 英語シャドーイング
最強の学習法を科学する！

音声を聞きながら、即座にそのまま口に出し、影のようにそっとついていくシャドーイング。「最強のトレーニング」と評される理論的根拠を明快に示し、ニュースやフリートーク、企業研修のライブ中継、さらにはトム・クルーズ、アンジェリーナ・ジョリーへのインタビューも使って、実践トレーニングを積みます。

著者：門田 修平／玉井 健
A5判書籍248ページ+CD1枚（73分）
定価1,890円（本体1,800円+税）

言いまくり！英語スピーキング入門
本書では沈黙は「禁」！

「あいさつ程度」から脱却するべく、描写力・説明力を徹底的に鍛える1冊。写真やイラストといった「視覚素材」を使って、考える→単語を探す→文を作る→口に出すという一連のプロセスのスピードアップを図り、見た瞬間から英語が口をついて出てくるようにするユニークなトレーニングブックです。

著者：高橋 基治／ロバート・オハラ
A5判書籍184ページ+CD1枚（54分）
定価1,680円（本体1,600円+税）

全国の書店で発売中！　www.cosmopier.com

出版案内 コスモピア

めざせ！100万語 英語多読入門
やさしい本からどんどん読もう！

「辞書は引かない」「わからないところはとばす」「つまらなければやめる」の多読三原則に従って、ごくやさしい本からたくさん読むことが英語力アップの秘訣。本書を読めば、多読の大きな効果とその根拠、100万語達成までの道のりのすべてがわかります。洋書6冊を本誌に収め、CDには朗読を収録。

監修・著：古川 昭夫
著者：上田 敦子
A5判書籍236ページ＋CD1枚（50分）
定価1,890円（本体1,800円＋税）

英語多読完全ブックガイド〈改訂第3版〉
洋書13,000冊の最新データベース

リーダー、児童書、ペーパーバックなど、多読におすすめの洋書13,000冊を選定。英語レベル別に特選本を推薦しているほか、すべての本に、読みやすさレベル、おすすめ度、総語数、ジャンル、コメント、ISBNのデータを掲載。次にどの本を読もうと思ったときにすぐに役立つ、多読必携のブックガイドです。

編著：古川 昭夫／神田 みなみ
A5判書籍512ページ
定価2,940円（本体2,800円＋税）

「ハリー・ポッター」Vol.1が英語で楽しく読める本
原書で読めばもっともっと楽しい！

原書と平行して活用できるガイドブック。章ごとに「章題」「章の展開」「登場人物」「語彙リスト」「キーワード」で構成し、特に語彙リストには場面ごとに原書のページと行を表示しているので、辞書なしでラクラク読み通すことができます。呪文や固有名詞の語源や、文化的背景まで詳しく解説。

著者：クリストファー・ベルトン
翻訳：渡辺 順子
A5判書籍176ページ
定価1,365円（本体1,300円＋税）

大人のための英語多読入門
50代からの人生を変える！

自らも50代になってゼロから多読を始めた著者が、大人になってからやさしい洋書にチャレンジする意味を説きます。定年を迎え、あるいは子育てを終え、やっと自分の時間がもてるようになった層に、「お勉強」ではなく「読書」として洋書を楽しむ方法を懇切丁寧にアドバイスします。

監修：酒井 邦秀
著者：佐藤 まりあ
A5判書籍239ページ
定価1,890円（本体1,800円＋税）

音のある英語絵本ガイド
45冊のサンプル音声をCDに収録！

子どもに読み聞かせをしてあげたい。小学校の授業に絵本の読み聞かせを取り入れたい。でも発音に自信がない、どんな調子で読めばいいのか……。そんな声にお応えして、日本で音源が入手可能な絵本を探しました。英語のリズムやイントネーションが自然に習得でき、かつ絵本としてすぐれたタイトル135冊を厳選。

監修・著：外山 節子
著者：宮下 いづみ
A5判書籍254ページ＋CD1枚（72分）
定価2,520円（本体2,400円＋税）

英語の絵本活用マニュアル
小学校の「英語活動」で成果を上げる！

『英語ノート』を中心に授業を進めるうえで、英語絵本は本物の英語に親しみ、異文化に触れる格好の副教材となります。そこで『英語ノート』の各単元から、どの絵本を使ってどう授業を進めればいいのか、具体的な教案を作成しました。執筆は現役の小学校の先生チーム。CDには外山先生の模擬授業を収録。

監修・著：外山 節子
著者：にいがた小学校英語教育研究会
A5判書籍272ページ＋CD1枚（77分）
定価2,730円（本体2,600円＋税）

全国の書店で発売中！　　www.cosmopier.com